Forest
2545

「論理力」短期集中講座

出口 汪著
Hiroshi Deguchi

JN283973

フォレスト出版

「論理力」短期集中講座

出口 汪著
Hiroshi Deguchi

Forest
2545
Shinsyo

プロローグ

◎社会に出て成功するかは「論理力」にかかっている！

あなたの話や文章が、相手にきちんと伝わっている自信はありますか？

考えを正確に伝えるのに論理力は欠かせません。

しかし、論理力は身につけるのが大変難しいというのも事実です。

現在、外資系の会社で実践されているようなアメリカ流の論理力が大流行です。でも考えてほしいのは、私たちは日本人であって、日本語でものを感じ、ものを考え、表現しているという事実です。

ですから、規則に従って日本語を自在に使いこなせなければ、論理力はすべて砂上の楼閣にすぎません。

言葉の使い方を変えて論理力を身につければ、あなたの考えを適確に伝えられるように頭の中が変わってきます。

変化の激しいこの時代、社会に出て成功するか否かは、論理力の有無にかかっているのです。

私たちは生涯にわたって、論理力を武器に社会の中で戦っていくのです。

取引相手との打ち合わせも、会議の席での発言も、プレゼンテーションも、企画書やレポートも、すべて論理力が不可欠です。

鍛えるのが難しいといわれる論理力ですが、この本一冊で、誰でもみるみる論理的な言葉の使い方が身につき、それを道具として論理的にものを考えることができるようになるのです。

◎「頭そのもの」が変わっていく！

私は二十数年前、「感覚やセンスの教科」といわれた現代文に論理的方法を導入し、受験生の意識革命につとめてきました。

幸い私の書いた参考書は、二十年にもわたってベストセラーを続け、いまだに売れ行きは伸び続けています。

おそらく、累計で六百万部は突破しているでしょうか？　一人の人間が書いた本が数十冊も、これほど長い間売れ続けているという事実は、後にも先にも例がありません。

ところが、受験生を指導するうちに大きな壁を感じるようになりました。

私が教えてきた受験生の中でも、もともと論理力のある生徒は、私の教えた方法をいとも簡単に消化し、驚くほど伸びていくのですが、論理力のない受験生にとっては、私の言葉自体がまるで宇宙人の言葉のように、**ちんぷんかんぷんに思えるらしいのです。**

受け入れようとしても、頭が受けつけません。

まさに、論理力が必要な受験生ほど、それを拒絶してしまうのです。

そこで、私はここ数年、「論理エンジン」の完成に全力を傾けてきました。

論理エンジンとは、小学生から大人まで、誰でも手軽に論理力を養成できるツールです。

一千問の課題がシステム的に配置され、順番にこなしていくだけで、みるみる言語能力が高まり、論理力が鍛えられ、感性が磨かれていくというものです。

論理エンジンが完成するや否や、ほぼ一年のうちに、公立・私立の中学・高校で二百を超える学校が採用しました。

年齢に関係ないので、小学校や大学でも採用されています。

この力は受験生のみならず、いやそれ以上に、まさしく社会で生き抜くための強力なツールです。

そこで、「論理エンジン」を社会人向けに転用し、誰でも手軽に論理力を身につけることができる方法を提案したのが、本書なのです。

◎劣等生が一変した理由

実をいうと、私自身はずっと劣等生でした。

小学校以来、勉強が苦痛の種で、そこから逃げ出すことばかり考えていました。

劣等生という刻印を押された私は、自分の将来が真っ黒に塗りつぶされているような思いにたえず駆られて、生きることが苦しくて仕方ありませんでした。

大学受験もことごとく失敗しました。

三浪が決定したときはしばし呆然《ぼうぜん》とし、もうまともな人生は歩めないと、心の中で思ったものです。

今でも、合格発表で自分の名前を探す場面を思い出します。

何度探しても自分の受験番号だけが抜けている、あの何ともいえない虚脱感が私の心のひだにしっかりと刻み込まれてしまったのです。

やがて三浪の末、私立の文学部に入学しました。


そんな私が大学院に進学したのは決して優秀だからではなく、将来の展望もなく、就職も無理だとすでに決め込んでいたからです。

そこでもやはり、劣等生であることに変わりはありませんでした。

大学の先生からも、先輩からも、三歳下の同級生からも、「駄目な奴」という刻印を押されたままでした。


何とか人から認められるようになりだしたのは、予備校の講師という仕事に本腰を入れだしてからで、そのときはすでに三十を大きく越えていました。

私は大きく変貌《へんぼう》を遂げたのです。

かつての私を知る人は、今の私を見てとても信じられないという顔をします。それくらい、私は何もかもがすっかりと変わってしまったのです。

いったい何があったのですか、と人によく聞かれるのですが、それに対してどう答えていいのか分からず、戸惑うばかりです。

しかし、ただ一つ、これだけは言えます。

何か大事件があって、ある日突然変身したわけではなく、毎日使っている「言葉」の使い方を変えただけなのです。

それまでは無意識のうちに、言葉をただ何となく使っていました。

ところが、予備校で現代文の入試問題の解き方を教えるうちに、論理的な言葉の使い方がだんだん身についていったのです。

論理とは、言葉を一定の規則に従って使うことです。

私は講義で毎日「論理的に読み」「論理的に話し」「論理的に書く」ことを繰り返し

ました。

それによって、いつの間にか私の頭脳自体が変わってしまったのです。

これは私にとっても、まさに大きな驚きでした。

◎最小の努力で結果が出る理由

世の中には私よりも優秀な人間はたくさんいるし、成功した人間など数知れません。**ただ、「言葉の使い方」を変えたことで、私ほど大きく変わった人間はそういないと思います。**

私が見ちがえるほど大きく変貌したように、実は誰にでもそれは可能なことなのです。

あなたがもし言葉によって論理力を身につけたなら、おそらくコミュニケーションもスムーズになり、人から信頼され、仕事もおもしろいほどうまくいくでしょう。

さらに論理力は、あなたの学習意欲や能力を高めます。あなたは知的で教養のある人間へと成長するのです。

本書の最大の目的は、言葉の使い方を変えることで、あなたの頭の使い方まで変えてしまうことです。

●本書の使い方

本書は大きく三部構成になっています。

第一章・二章　理論編　論理や言語についての大切なことを理解します。あなたの人生を変える大切な要素がぎっしり入っているので、熟読してください。

第三章・四章　演習編　論理エンジンの問題をサンプルに、本当に必要とされる言語力、論理力を身につける具体的な方法を学びます。

第五章　　　　実践編　実際に本書で学んだことを使って、論理的に書き、日常的に頭を鍛える方法を学びます。

私が二十年かけて開発した「論理エンジン」のトレーニングの中から最適な問題を厳選して、最低限の文法を復習します。

問題をクイズ感覚で楽しみながら、あなたの頭を論理的に変えていきます。

初めて読む文章でもすばやく論理を追って読めるようになれば、難解な専門書の内容でさえも、すんなりと頭に入り、知識があなたの血となり肉となるのです。

論理を追って読むことで、頭の中に「考える力」のストックができていきます。それをノートに残していくことにより、論理力が確実にあなたのものになるでしょう。

●注意事項

ここで出てくる問題は他の本で使うこともありますが、必要最小限に絞った結果でもあります。

答えよりはむしろ、自分がどう考え、どう解いたかにこだわること。

この本のトレーニングそのものは、それほど難解ではありません。

しかし、そこまでたどりつくすじみちは、文章を書くだけでなく、あらゆる仕事をするのに役立つ「型」となります。

その「型」を完全に身につけることが本書の目的です。


さらに、問題を解くことで得られるものを意識してください。

論理力さえ身につければ、仕事のあらゆる場面で役立ちます。

・文章をすばやく論理的に理解できるようになる
・自分の考えを的確に論理的な文章にすることができる
・相手が何を言おうとしているのかをスグに理解できる
・会議や商談で人の意見を汲《く》み取り、説得することができる
・自分の考えが生まれ、ものを考える人間になる

後は、あなただけの言葉のストックを自在に操っていくだけです。

おもしろいように世界が変わっていくのを、みずから体験できるのです。


一日生きることは、一日進歩することでありたい。


私の座右の銘ですが、人間生きているかぎり、たえず進歩し続けるものです。

そのためには、最初の一歩を正しい方向で踏み出さなければなりません。

本書が、あなたの人生がやがて大きく変わる、その最初の一歩になることを切に願っています。

それでは、講義を始めましょう。

もくじ

プロローグ

社会に出て成功するかは「論理力」にかかっている!……3
「頭そのもの」が変わっていく!……4
劣等生が一変した理由……6
最小の努力で結果が出る理由……9

第一章 言葉が人生を劇的に変化させる理由

成績のいい人が優れている能力とは?……20
言葉が自在に使えると、なぜ得なのか……22
効率よく頭をよくするには……24
「書き言葉」があなたを変える理由……26

第二章　なぜ、あなたの話が通じないのか？

あなたのことなんて誰も分からない……30
自己中心人間の言葉遣いとは？……33
「愛撫の言葉」に注意……36
頭の中をスッキリ整理する道具……39
なぜ、得た知識を忘れてしまうのか？……41
言葉は体にしみこんでいく……44
一度身につけたら一生使える！……46

第三章　「論理エンジン」で言葉の基本を身につける

論理的に書くための六つのルール…50
本当に使える文法とは……51

文章が変わる第一歩……54
論理的文章のルール①……55
論理的文章のルール②……59
論理的文章のルール③……91

第四章 考えを整理するための「論理エンジン」

論理とは先を予想すること……102
論理的文章のルール④……106
論理的文章のルール⑤……109
論理的文章のルール⑥……115
確実に伝える工夫……124
シンプルで分かりやすい書き方……125
要点をとらえる簡単な方法……132
主張を伝えるために必要な二つの論理関係……137

第五章 考えるツールをつくる文章のストック法

知識を定着させる方法……170
八頭身美人を創造する……172
なぜ、要約が論理力を鍛えるのか……174
簡単にできて効果の大きい方法とは……178
言葉を自在に使いこなすには……180
ノートにストックをしてみよう……182

エピローグ

無駄な努力をしないために……219

第一章

言葉が人生を劇的に変化させる理由

◎成績のいい人が優れている能力とは？

小学生のころ、どの科目も勉強ができる、いわゆる「頭のいい子供」というのが、必ずクラスに一人はいませんでしたか？

私自身、勉強の苦手な子供だったので、そうした「頭のいい子」を見て、ずいぶんうらやましく思ったものでした。

頭のいい子供とは、先天的に言語処理能力が優れている子供のことなのです。

私たちはものを考えることも、記憶することも、すべて言語によって行います。

言語を使わないでは、考えることも、記憶することさえもできません。

コンピューターも、一切の仕事を言語によって行います。

もちろん、その言語は「コンピューター言語」と呼ばれるものですが。

一切を言語で処理するので、言語処理をするためのＯＳが必要となってきます。

すべてのソフトはこのＯＳ上で、初めて動き出すのです。

小学校のころは、まだ軽いソフトを動かせば十分なので、それほど立派なOSを必要とはしません。

だから、生まれながら言語処理能力に優れた子供は、どんな科目のソフトもさくさくと動かすことができるのです。

それに対し言語処理能力に遅れた子供は、ものを理解することも記憶することも、思うようにはできません。

でも、これは決して**能力の優劣ではなく、早熟か否かの差**なのです。

小学校、中学校、高等学校、そして大学、社会と、私たちの頭脳は次第に高度な仕事をしなければならなくなります。

だから、たとえばウインドウズがOSを95、98、2000、XP、ビスタ、セブンと強化していったように、私たちの言語処理能力も年齢に従って鍛えていかないと、やがて重たいソフトを動かすことができなくなるのです。

子供のころ高度なOSを持っていたところで、それを鍛えることを怠っていたなら、やがて重たいソフトを動かすことができなくなり、**大人になったらただの人**となってしまうのです。

子供のころ、不幸にも言語処理能力が優れていなかったのは、何も能力が劣っていたのではなく、身につくのが遅かっただけのことです。

まだ遅くはありません。

人間は今や八十、九十まで生きるし、私たちは死ぬまで日本語でものを考え続けるのですから。

◎言葉が自在に使えると、なぜ得なのか

人間は社会的な動物で、それだからこそ、一人では生きていけません。

一人で生まれた人間もいなければ、誰にも育てられずにここまで成長した人間もいないはずです。

どんな人間嫌いな人だって、誰かがつくった食料を食べ、誰かがつくった家に住

み、誰かがつくった服を着て、たえず誰かと話をしていることでしょう。

たとえ、「引きこもり」の人であっても、部屋の中でテレビを見たり、本を読んだりするでしょう。

テレビの中で人間を見、本を通して人間の言葉に触れているのですから、他の人間とかかわらずに生きていくことは不可能です。

人間が社会的動物だというのは、そういうことなのです。

人と関係を結ぶことによって社会的に生きていくのですが、そのときの手段が言葉なのです。

私たちは言葉でものを感じ、思考し、整理し、他人とコミュニケーションをとります。そうした中で、仕事がなされていくわけです。

言葉はそれほど大切な、私たちにとって生涯の武器であるのに、あなたはその言葉を**無造作に、乱暴に取り扱っていないでしょうか？**

社会で生きていくうえで、言葉を自在に扱えることは大きな強みになるのです。

そしてもう一つ、今まで、どうやれば論理力が身につくのか、**誰もが分からずに苦**

しんできたり、最初から諦《あきら》めてきたのです。

本書では、ただ順番に読み進めていくだけで、言葉の使い方のルールが簡単に身につき、あとは日常生活の中で文章を書いていくだけで、あなたの思考そのものが変わるのです。

誰もが日本語をしゃべることができるように、茶碗と箸《はし》を自然と操ることができるように、自然と変わっていくのです。

◎効率よく頭をよくするには

私たちは言葉を使わないでものを考えることができません。

言葉の微妙な使い方に習熟したとき、それがその人の感性となるのであって、感性を磨くとは、言語の使い方を習熟することにほかならないのです。

詩人や小説家がすばらしい感性を持っているのは、当然のことなのです。

それと同じように、論理とは「言葉の規則に従った使い方」というわけです。

言葉を日本語の規則に従って正確に使いこなしたとき、あなたの論理力が飛躍的に高まります。

私たちは、何もないところから宙をにらんでものを考えるわけではありません。

いい文章を読んでそれを理解したとき、**初めてものを考えはじめるのです。**

哲学者も思想家も、先人の書物を読み、それについて考えを深めていきます。

もし、あなたがものを考えることが苦手だったり、教養不足を痛感していたり、世の中の動きを読めなかったりしたら、それは何も頭が悪かったり、考えるのが苦手だからではありません。

世間は生まれながらの頭のよしあしや、学歴などのせいにしがちですが、それは大きな間違いです。

頭を鍛えるにはそれなりの方法があるのであって、それを知らずに、**間違った効率の悪いやり方にしがみついているから、うまくいかないのです。**

ものを考える人間は多くの文章を読み、それらをストックとして蓄えているのです。

しかも、それらのストックをいつでも取り出せるように、たえず鍛えているのです。

そのためには、文章を論理的に理解できなければなりません。

というのも、知識が血となり肉となるためには、論理が必要だからです。

さらに、その文章を表面でとらえるのではなく、物事の本質をさまざまな角度からつかまえていきます。

いい文章を理解することは、それを自分のものにする第一歩なのです。

◎「書き言葉」があなたを変える理由

「話し言葉」でも「書き言葉」でも、言葉を使うかぎり、そこには共通の課題があるのですが、今、あなたが社会で通じる「論理の言葉」へと切り替えるとしたら、何よりも「書き言葉」の習得から始めなければなりません。

話し言葉は、話していると同時に消えていくものです。

多少間違えても、論理に飛躍があっても、身振りや表情を使って、なんとか自分の意思や感情を相手に伝えることができるので、お互いのコミュニケーションにそれほど支障をきたすものではありません。

文章を書くには論理的な思考が必要で、そのためには言葉を規則に従って正確に使いこなさなければなりません。

では、まず「話し言葉」と、「書き言葉」の違いを意識しましょう。

私は、講演をそのまま活字におこすという機会がときどきあるのですが、聴衆を魅了したと手応えのあった講演でも、それをそのまま活字におこした原稿を見せつけられると、思わず目をそむけたくなります。

自分のむき出しの感情にじかに触れたようで、背筋が寒くなるのです。

強調しようとするあまりの大げさな表現、執拗《しつよう》な繰り返し、それらは「話し言葉」では気にならないのに（場合によっては効果をもたらすのに）、活字にしたら非常にみっともないものです。

突然、脈絡もなく主語を転換する、話題があちらこちらに飛ぶ。おそらく、頭に思い浮かぶままに言葉を吐き出しているのでしょう。

「話し言葉」を、そのまま活字にするわけにはいきません。

余分な言葉、冗漫な言葉をばさばさと削りとり、大げさな表現をひかえ、文章を一本の筋の通ったものへと組み替えます。

そうやって、一応講演の雰囲気を残した「書き言葉」に変えるのです。

文章は後々まで残るものであり、何度も読み返される可能性があるので、規則と論理によって貫かれていなければなりません。

「書き言葉」を正しく使えない人は、おそらくすじみちの通った話し方ができず、それなのに、**本人はそのことにさえ気づいていない**ことが多いのではないでしょうか。

まず文章を書くことから始めて、思考を整理し論理力を鍛えていきましょう。

第二章

なぜ、あなたの話が通じないのか？

◎あなたのことなんて誰も分からない

「最近の若い奴は、どうも分からん」

酒場でサラリーマン同士が、酔っぱらったあげくこのような会話をしているのを聞くことがあります。

お互いに価値観も感覚も異なる人間同士が、正確に物事を伝え合おうとするとき、私たちは当然すじみちを立てて説明しようとします。

簡単に分かり合えるなら、人は長い年月をかけて、論理力を鍛えていく必要なんてなかったはずですよね。

人はそう簡単には分かり合えないという意識を、他者意識といいます。

部下の気持ちが分からない上司は、この他者意識が欠けているため、自分がいったことはそのまま相手に伝わると、**心のどこかで信じているのです。**

「自分の考えは、そう簡単には相手に伝わらない、だからすじみちを立てて説明する」という意識がその上司にほんの少しでもあれば、部下との人間関係は今とは異なるものになっていたはずです。

それなのに、伝わらないことをすべて部下のせいにして、自分は酒場で「近ごろの若者は……」と愚痴をいっているだけです。

私たちは一人で死んでいきます。

歯の痛み一つとっても、分かり合うことができません。

自分の歯がどの程度の痛みかは、決して他人には分からないのです。

生まれた瞬間、誰もが自分だけの体を持ち、自分だけの感じ方、考え方を身につけ、それぞれの知識を蓄積し、別個の体験を積み重ねながら、別々の人生を送っていくのですから。

自分のことは誰も分かってくれない。

だからこそ、論理的に物事を説明しなければならない。

そうすることによって、あなたの人間関係もしっかりとしたものになり、仕事もスムーズにはかどっていきます。

あなたは周りから信頼され、さまざまな職種や立場、年齢の異なる相手とも関係を構築することができるようになります。

しかも、あなたの頭脳は次第に論理力を身につけはじめ、**どんどん鍛えられていくことでしょう。**

自分のことを本当に分かってもらうには、並たいていの苦労ではすみません。

だからこそ、私たちは言葉という手段を持っているのです。

ところが言葉は非常にあいまいで、その意味はたえず揺れ動きます。

同じ言葉でも、人によって、あるいはその場その場で意味が微妙に異なります。

だからこそ、自分の考えを分かってもらうには、規則に従った正確な言葉の使い方を身につける必要があります。

それが論理なのです。

実は、論理的な文章力を身につけるためには、自分のことは誰も分かってくれない、こうした自覚がその第一歩なのです。

◎自己中心人間の言葉遣いとは？

あなたは、つい何でも「ムカツク」「ウザイ」「明るい」「暗い」という言い方で物事を処理してしまってはいないでしょうか？

別に「ムカツク」という言葉を使うなというつもりはありません。

問題は、あらゆる不快な状況をすべて「ムカツク」ですましてしまうという、そのことです。

人間が最初に習得する言葉を、感情語といいます。

正確にいうと、感情語は最初から肉体にこもっています。

イヌやネコが「ワン」とか「ニャア」というのも、感情語です。

誰からも教えられることなく、自分の意思や感情を、そうした声で表現しますよね。

人間の赤ちゃんが泣くのも、同じことです。

赤ちゃんは悲しいから泣くのではなく、「まんま」「抱っこ」といった自分の意思や感情を伝える立派な言語なのです。

「ムカツク」「ウザッタイ」は感情語です。

心の中のもやもやとした感情を吐き出しているだけなのです。

「ムカツク」は、肉体にこもったものを音にして吐き出した言葉です。

イヌやネコが鳴いたり、赤ちゃんが泣くのと何ら変わりがありません。

そうやって、自分の感情を外に出せば、母親があやしてくれるように、誰かが自分の感情を理解してくれ、なんとかしてくれると、無意識のうちに期待しているのです。誰も分かってくれないとき、「泣き」「叫び」、それでも駄目なときは、突然「切れる」のです。

ところが、人間は社会的動物ですから、赤ちゃんはやがて大人たちの言葉をまねて、「まんま」「抱っこ」と言いはじめます。

ミルクがもらえるまで泣き続けるということは結構重労働で、「まんま」といったらミルクがもらえたという成功体験を積み重ねると、やがて泣かなくなっていきます。

赤ちゃんが泣き叫ぶように、すべての不快な感情を「ムカツク」で処理していると、それがその人の感性となってしまうのです。

「感情」と「感性」とは違います。

感情は、誰でももともと持っているものであり、それが豊かで繊細な感性となるには、言語訓練が必要です。

さらに、感情語でものを考えることはできません。

思考とは、他者意識を前提としているからです。

相手のすじみちを理解し、物事をすじみちを立てて考え、それを人に説明するという一連の作業が思考ですが、これらはすべて論理の言葉によってなされるのです。

◎「愛撫の言葉」に注意

さて、社会人になると、学生時代とは異なる社会に投げ出されます。

今までは友達、同級生、たまには大学の先生や先輩との付き合いもあるかもしれませんが、そこにはそれほど大きな利害関係もなく、たいていは大学という共通の地場の中での人間関係だったはずです。

もちろん、アルバイトに忙しかった人もいたと思いますが、あくまでそれは大人社会の中での「お客さん」であって、あなた自身もそこで一時的な人間関係を持ったにすぎず、いつでもそこから逃げ出すことは可能でした。

そして、あなたは同じような境遇の人たちとの関係の中で、それにふさわしい言葉を使えばよかったのです。

そうした言葉は一種の「愛撫《あいぶ》の言葉」で、仲のいい者同士、お互いに分かり合えていると思い込んでいる（たいていの場合は錯覚ですが）者同士のコミュニケーションの手段だったのです。

たとえば、仲のよい友達と喫茶店でしゃべっている。取り立てて重要な話題があるわけではなく、二人だけの共通の話を二人にしか分からない言葉で楽しそうにしゃべる。

私たちはたいてい、そういった経験を持っているのですが、話の中身よりも二人で話すこと自体に目的があります。

そのときのあなたの言葉は、「愛撫の言葉」なのです。

ところが社会に出ると、そうした人間関係が一変します。

上司と部下、取引先や競合相手など、年齢も立場も異なる人たちの中で、相手との関係に応じてそれなりの言葉を使いこなさなければならないということです。

同じ会社に属する同僚たちの中にも、ライバルがいるかもしれません。

そんな環境の中では、「愛撫の言葉」など通用するはずもないのです。

つまり、社会に出るとは、今までとは異なる人間関係の中に身をおくことであり、そのためには今までと違った言葉の使い方を習得しなければなりません。

そうした転換をスムーズにできなかった人が、さまざまな仕事の現場で**多くの困難を背負わされることになる**のです。

あなたがもし、仕事で思ったよりもうまくいかないと感じているなら、言葉の使い方をほんの少し変えてみることが大切です。

感情語を豊かな感性に変えるためには、繊細な言葉の使い方を習得する必要があります。それと同じように、ものを考えるには、言葉を一定の規則に従って使う訓練が必要なのです。

仕事をするには、「学生モード」ではなく、「社会人モード」へと言葉を切り替える必要があるのです。

◎頭の中をスッキリ整理する道具

人間は忘れる動物です。

日々さまざまな文章を読んでも、ほうっておけば何一つ記憶に残ることはないでしょう。

どれほど感動した小説でも、なんとなくおもしろかったとか、悲しかったという漠然とした印象は残っても、それは移ろいやすく、やがては消えていくものです。

そのためにもノートに記録をしていくのです。

たとえば毎朝新聞を読み、天声人語や社説、コラムやちょっとした論説文の中で、ストックしたいものをノートに書きとめておくのです。

会社での誰かの意見、企画、参考となる文章などをまとめてもいいでしょう。

やがて、そのストックはあなたの頭の中で消化され、自分の言葉で語ることができるようになります。

そのとき、ストックはあなたのものとなるのです。

ある瞬間、あなたの頭の中には次から次へと自分の考えが浮かんできて、**自分でも止めようがなくなるときが来ます。**

また仕事では、日常、文章を書く必要にせまられることが多いはずです。

メール、手紙、レポート、企画書、会議の資料、メモなどの文章をより正確に書くことができたら、しかも、そうした日常的な行為の中で論理力を鍛えることができたら、一石二鳥ですね。

そのためには、文章を論理的に読むこと、それを整理しまとめること。

知のストックを活用し、教養を身につけ、広い視野を育て、ものの見方を深めること。

そのうえで、論理的な文章を書くこと。

こうしていくことで、あなたの頭の中を論理的に整理する文章力というツールが身につきます。

◎なぜ、得た知識を忘れてしまうのか？

私は長年、大学受験予備校を主宰してきました。

そこには、全国からハイレベルな受験生が集まってきます。

最初の授業で、生徒たちにある質問を投げかけます。

「君たちは今まで数多くの現代評論の問題を解いてきたと思いますが、その中の一つをみんなに分かるように説明してください」

一人ひとり指名してみても、誰一人答えられる生徒はいません。

灘や開成など、超難関高の生徒もいるのですが、やはり押し黙ったままなのです。

なぜ、たった一つの評論でも説明できないのか？

多くの現代文の問題を素通りにしてきたのは、その文章を理解していなかったからなのです。

なんとなく文章を読み、**漠然と分かったような気でいる状態で、どうやって人に分かりやすく説明できるのでしょうか？**

理解していなかったというのは、単に文章の内容が分からなかったというのではなく、その文章のとらえ方を知らなかったという意味です。

要は、ものの見方の問題です。

たとえば現代評論は、さまざまな角度からこの現代の日本を語ったものです。

切り口や語り口が異なっていても、切られるのはいつでもこの現代の日本なのです。

それなのに、文章を表面的にしかとらえていないから、そのおもしろさが分からず、それを**ワケの分からない難しいものとして、無意識のうちに捨て去ってしまったのです。**

現代評論がこの現代を語っているかぎり、私たちはそれを身近なところで実感できるはずです。

それが「分かる」ということです。

一つ分かれば、現代に対する認識の仕方が変わってきます。

いくつかの文章が分かれば、さまざまな角度からこの現代に関して認識を深めることになるのです。

自分の頭の中が整理されていて初めて、それをすじみち立てて説明できるのであって、そうした頭の状態を明晰《めいせき》と呼びます。

頭をたえず明晰な状態に保つべきです。

読んだ文章を覚えていないもう一つの原因は、記憶の問題です。

今までどれほど多くのすばらしい文章を読んできたとしても、人間の記憶など心もとないものです。

数多くの文章を読み流し、さまざまな体験を積み重ねながら、すべてを忘却のかなたに押し流してきた人と、大切なものを一つひとつ宝物を収集するように保存してきた人では、長い人生の間に次第に開いていく**差は決定的なのです。**

だから、忘れないうちにストックする必要があるわけです。

◎言葉は体にしみこんでいく

私たちはご飯を食べるとき、箸の使い方を意識しません。
無意識のうちに箸を使って食事ができるのは、すでに習熟しているからです。
外国人が初めて箸を使うときは、箸の使い方を意識し、苦労して食べるはずです。

歩くときも、自転車に乗るときも、自動車を運転するときも、肉体を意識しません。
スポーツ選手は瞬時に体が反応しないと、試合では話になりません。
そのとき、肉体を意識することはないはずです。

そのために、習熟するまで繰り返し練習をするのです。

言葉も同じです。
言語訓練には、習熟することが不可欠です。

私たちは朝起きた瞬間から、「朝だ」とか、「何時だろう？」と、頭の中で言葉を使います。

そのとき、言葉の使い方を意識しているわけではありません。中学校で習った英語のように、「主語は何で、時制は何で」などと考えて、言葉を使っているわけではありません。

言葉の繊細な使い方を習熟して、初めて私たちは豊かな感性を身につけ、より的を射た表現ができるようになります。

言葉の規則に従った使い方を習熟して、私たちは論理力を生涯の武器とすることができます。

だから、言語訓練は日常的に行わなければならず、週に一回名講義を聞いて勉強するものではないのです。

私が文章のストックをすすめるのも、習熟に最適な方法だからです。

具体的なストック法については、五章で話していきます。

◎一度身につけたら一生使える！

私の生徒たちは、講義や参考書で記憶したい文章を見つけると、講義の合間やちょっとした時間に、すばやくノートを広げて要約をするようになります。

すると、彼らはみるみる変わっていくんです。

顔つきや発言の仕方、その内容まで目に見えて違ってくるから、まさに驚きです。

夏期講習くらいに、私は再び質問します。

「今まで学習した中で、何か一つ気に入った評論を、自分の言葉でみんなに分かるように説明しなさい」

すると生徒たちは、今度は目を輝かせながら、次から次へと自分のストックを披露してくれます。

以前とは、明らかに違うのです。

そこで、私はこういいます。

「最初の授業のとき、誰もがたった一つの評論さえ人に説明できなかったよね。ところが、今や次々とストックを紹介してくれるようになった。これは君たちが考える以上にすごいことなんだよ。少なくとも、君たちは難解な文章を理解し、しかもそれを誰にも分かるようにすじみちを立てて説明できるようになった。まさに、論理力を自分のものにしつつあるわけだ。しかも、あらゆる角度から現代日本を認識し、それに興味を抱くようになった。君たちは変わったんだ。文章の読み方、記憶の仕方、話し方、書き方、そしてものの見方、すべてが以前とは異なっている。もう受験なんて、たいしたことではない。君たちは生涯の武器となる論理力を手に入れたんだ」

こうして毎年、私の教室から奇跡は生まれているのです。

ここまで話してきたように、論理力をつけるには、以下の三点を鍛えることがもっとも効果的です。

①よい文章を読むこと
②規則に従って、日本語を書くこと
③日常の中で規則正しい言葉を使うこと

それでは、次章から問題を解きながら「論理的な言葉のルール」を自分のものにしていきましょう。

第三章

「論理エンジン」で言葉の基本を身につける

◎論理的に書くための六つのルール

「学校では、手紙の書き方もメールの書き方も、ましてや企画書の書き方すら教えてくれなかった」

おそらくあなたは、心のどこかでこう思っているのではないでしょうか？

確かに、学校ではあまり教えてくれなかったかもしれません。

でも、あなたは国語の時間に、**文章を正確に読むこと、正確に書くことを十分に習ったはず**なのです。

現に国語のテストの読解問題は、文章を正確に読んだかどうかを試すものだし、記述問題は、書いてある内容を正確な日本語で説明できるかどうかを試すものです。

その際、問われているのは、正確な文章能力なのです。

あなたが文学賞にでも応募するために、芸術的な文体を獲得したいなら別ですが、本書の目的は、「誰にでも伝わる正確な文章を書くこと」と「頭を鍛えること」の二つです。

それらを可能にする文章の書き方のポイントは、**たったの六つです**。

この六つをドリルで習得してしまえば、あとは気が向いたときにノートに文章をストックしていくだけです。

◎本当に使える文法とは

嫌いな国語の時間の中で、さらに嫌で仕方なかったのが、あの文法……。

たとえば、四段活用か・き・く・く・け・け

「あれは、いったい何のためにあるのだろう？　そんなの知らなくても、今だってちっとも困らないのに」

そう思っている人は多いでしょう。

ここでちょっと考えてみてください。

あなたは社会人になった今、国語の時間に勉強したことをどれだけ実践で活用していますか？

国語という勉強と実社会の実践を、まったく別のものと思い違いをしていませんか？

そのため、せっかく苦労して手に入れた国語力を、実社会の現場で生かしきれていないのではないでしょうか？

でも、学校で習うことに役に立たないことなんか、ほとんどないのです。

必要だから学習内容として決められているわけで、**役に立たないのではなく、役に立てていないのです。**


もちろん、学校の教え方にも問題があります。

確かに、「未然形」という言葉を知らなくても、日常生活で困ることはありません。

学校の勉強はそれだけで完結してしまいがちで、それを実際の生活の中でどのように使っていくのかという視点が欠けているのです。

幸い私は長年国語を教える立場にあり、その一方、多くの一般の人向けの本を執筆してきました。

そこで、すでに知っているはずの学校で習ったことの中から**本当に大切なものだけを取りだして、**あなたが実際に役立てられるように、簡単なドリルをしながら思い出してもらいます。

文法とは、言葉の規則のことで、私たちは普段から無意識のうちに文法に従って言葉を使っています。

文法的に間違っていると、その文章は「間違った文章」と見なされるのです。

普段言葉を話したり書いたりするとき、もちろん文法を意識することはありません。

文法はその人自身が身につけているものであり、無意識に使っているからです。

文法は覚えるまでもなく、学校で習ったことを思い出せば、あなたの頭の中も論理的に整理されてくるはずです。

◎文章が変わる第一歩

文章を正確に書くには、まず「正確な一文」を書く練習から始めましょう。どんなに長い文章であっても、一文が集まってできたものです。

一文の中にも論理的関係があります。

そして、言葉と言葉も論理でつながっています。

文と文、語句と語句との間にも論理があり、それらが集まって一つの形式段落を形づくっています。

もちろん、そこにも論理があるわけです。

いくつかの形式段落が集まって、意味段落になるわけですが、もちろん段落間も論理でつながっているのです。

こうした論理を身につけるためには、まず文章を論理的に読んで、まとめることです。

それによって、文章の中にある論理をあなたのものにできるのです。

流れとしては、論理的な読み方→論理的なまとめ方→論理的な書き方と考えてください。

論理的な文章に欠かせない**六つのゴールデンルール**を一つずつ学びながら、問題を解いていきましょう。

◎論理的文章のルール①

効率よく仕事をしていくためには、文章の要点をつかんですばやく理解していかなければなりません。

おそらく、今までは**なんとなく文章を読んだり書いたり**してきたのではないでしょうか？

どこかで集中的に言葉やその規則を意識することによって、あなたの言葉の使い方や頭の使い方が変わっていくのです。

その第一歩が、要点をつかまえるということです。
たとえば一文の要点となるものの代表は、主語と述語です。
それを意識して、文を読んでいきましょう。
一文に要点があるということは、他の言葉は単なる飾りだと分かります。

論理的文章のルール ①
主語と述語で要点をつかむ

では、次の問題で要点をつかむ練習をしましょう。
小学生レベルのものですから、肩ならしとしてやってみてください。

主語と述語で要点をつかむ

ふいに枕元の時計が大きな音で鳴り出した。

「時計が」「鳴り出した」が、文の要点ですね。

だから、

「時計が鳴り出した」

だけで、立派な文が成立するのです。


「枕元の↓時計が」

「ふいに↓鳴り出した」

「大きな音で↓鳴り出した」

と、後の言葉はそれぞれ要点となる言葉を飾っているだけです。

答 主語…時計が　述語…鳴り出した

◎論理的文章のルール②

さらに、言葉はバラバラに浮遊《ふゆう》しているのではありません。

一つの言葉は必ず他の言葉とつながって、意味を形成しているのです。

独立語といわれる「やあ」とか「はい」などの感動詞以外は、言葉はすべて他の言葉とつながっているということです。

こうした言葉のつながりが、一文を形成するうえで大切な働きをしています。

論理的文章のルール
② 言葉のつながりを見る

一つひとつの言葉は、他の言葉との「つながり」の中で意味を持っています。

次の例のように、つながりがあることを確認してください。

（例）

きれいな　バラが　庭に　咲いている。

では、次のページの文に対して同じように――線と↓を書いてみましょう。

意味がつながっている言葉を見つけよう

わたしは　東京に　住んでいる　祖母を　訪ねた。

一つの文にも、要点と飾りの部分があることが分かりましたね。

言葉は必ず他の言葉とつながりを持っています。

こうした「言葉のつながり」を意識することが、大切です。

答　**わたしは　東京に　住んでいる　祖母を　訪ねた。**

ここで少し復習をしてみましょう。

文章を理解するのに大切なのは、**ルール①主語と述語に注目**、意味を正確に理解するには、**ルール②言葉のつながりに注目**でしたね。

以上の二点を理解したうえで、一文の論理構造を考えてみましょう。

（例）

おいしそうなお菓子が手ぎわよく作られていく。

構造

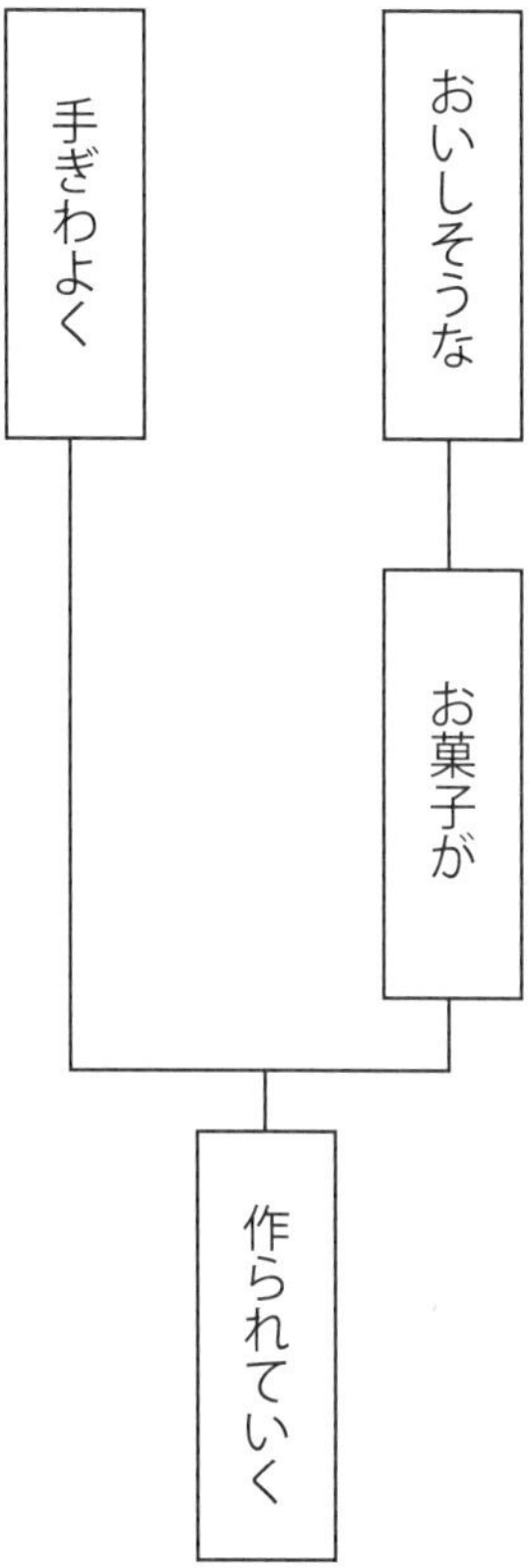

このように一文の構造をつかむために、次の問題を解いてみましょう。

言葉のつながりを見つけよう
一文の構造をつかもう

大粒の雨が、 地面にたたきつけるように降ってきた。

上から下へ読みながら「降ってきた」につながる言葉を考えてみてください。

「大粒の雨が降ってきた」
「地面に降ってきた」
「たたきつけるように降ってきた」

と、それぞれ文として成り立ちます。
では、ルール①、②を考えながら図に書き入れてください。

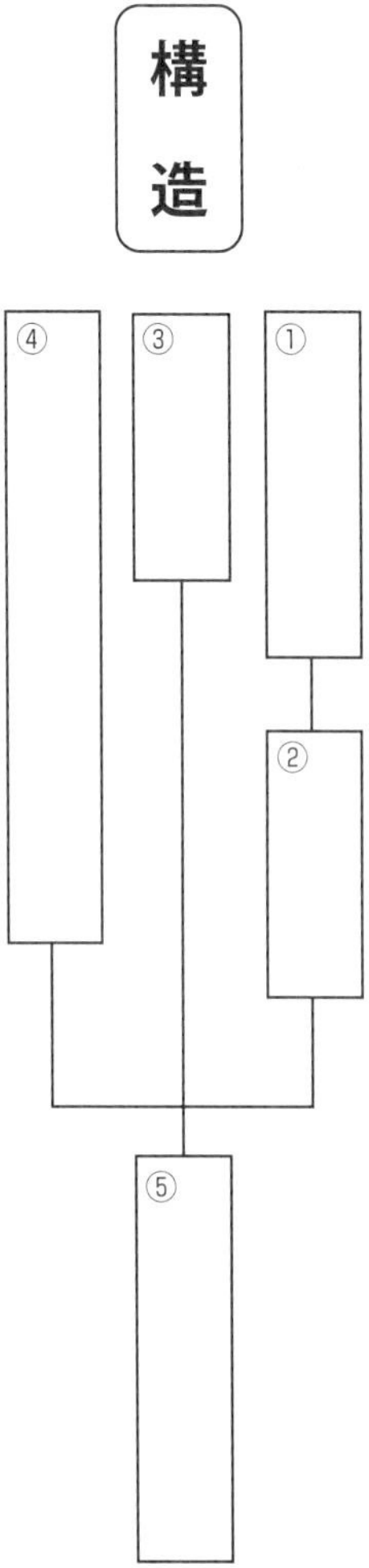

「雨が―降ってきた」で、主語と述語があり、一文として成立します。

「大粒の雨」、「地面に降ってきた」、「たたきつけるように降ってきた」

とそれぞれつながっていることが分かりますね。

ルール①、②が確実に守られています。

このように、たった一つの文でも、すべて規則的に使われています。

規則違反をすることは、「話し言葉」では許されても、「書き言葉」では絶対に許されません。

答 ①大粒の　②雨が　③地面に　④たたきつけるように　⑤降ってきた

一見、この二つのルールが守られていないように思われる文章でも、人に読んでもらおうとするかぎり必ず論理を通すことが必要です。

それを確認するために、次の四問を解いてみてください。

「主語」と「述語」を探そう

チャップリンという人は、ロンドンの貧しい下町の売れない舞台女優の子どもで、急に舞台に立てなくなったお母さんの代役で、歌って踊ったのが五歳のときのことだと読んだことがあります。

①右の「一文」は意味のうえで「三つ」に区切ることができます。そこに区切り線を二本書き入れなさい。

主語と述語に
——線を入れると、
述語がいくつか
ある！

②「読んだことがあります」の「主語」は何ですか。省略されている場合は自分で考えて答えなさい。

「舞台女優の子どもで」「お母さんの代役で」で区切っていないでしょうか？

すでに学習したように、一文の要点は主語と述語で、後は飾りの言葉がついているだけですね。

英語でも、ＳＶＯとか、ＳＶＯＣとか習ったと思います。

漢文でも述語に着目して読んでいけばいいのです。

それでは、「主語─述語」をつかまえていきましょう。

「チャップリンという人は─舞台女優の子どもで」「歌って踊ったのが─五歳のときのことだと」という、関係をつかまえましたか？

「急に舞台に立てなくなったお母さんの代役で」は、「歌って踊った」を飾っている言葉です。

あと、「読んだことがあります」の主語は省略されていますね。

答

①それぞれ「舞台女優の子どもで、」「五歳のときのことだと」の下に区切り線を入れる。
②省略されている（筆者）

次は少し変わった問題で、自在に文を作成する練習です。
「主語―述語」「言葉のつながり」「一文の構造」など、論理的文章のルールをなるべく生かしてください。

ではページをめくってください。
どれを述語にするのかと、すぐに頭に浮かんでくれば合格です。

三つの言葉を使って文をつくろう

①

絵　書く　海

↓

□□□□□□。

②

絵　泳ぐ　海

↓

□□□□□。

答　「書く」が述語なので、「海の絵を描く」あるいは「海を絵で描く」
「泳ぐ」が述語なので、「海で泳ぐ絵」

大事なことは、答えではなく頭の使い方、言葉を規則に従って使ったかどうかです。

一文をつくったときに使わない言葉はどれ？

友人と
登った
何か
去年の
富士山へ
白い
私は
夏に

使わない言葉

さあ、どうでしたか？

簡単な問題ですが、ルールに従ってすばやく解けるかどうかを意識してください。

大切なのは、答えよりも、ルールを意識したかどうかです。


「友人と」の**「言葉のつながり」**を考えたら、**「登った」**。

「去年の」は、**「夏に」**。

「富士山へ」は**「登った」**。

「私は」は、主語だから、述語は**「登った」**。

ここから、**「去年の夏に」「私は友人と富士山へ登った」**と、すぐに文ができあがるはずです。

もちろん、**「私は富士山へ友人と登った」**でも正解です。

答 何か　白い

合わせて「一文」にしよう

①
私はミレーの絵を観た。

＋

②
ミレーの絵は、すばらしくて感動した。

＋

③
私は思わず感動して泣いてしまった。

＝

まず、「主語―述語」を考えると、③の「私は―感動して泣いてしまった」が軸になります。

なぜかというと、「ミレーの絵」を観たからです。

では、なぜ「ミレーの絵」を観て感動したかというと、その絵が「すばらしい絵」だったからです。

そこで、「私はミレーの絵を観て思わず感動して泣いてしまった」と、①と③を合わせます。

次に、②を挟み込めば、「私はすばらしいミレーの絵を観て、思わず感動して泣いてしまった」となるわけです。

答 **私はすばらしいミレーの絵を観て、思わず感動して泣いてしまった。**

ルール①「主語―述語」、ルール②「言葉のつながり」とはどういうものか、体感できたでしょうか。

このように、正確な文章を書くためには、まず原点に戻って二つのルールを意識してみましょう。

ここまでは小学生レベルだったので、簡単すぎておもしろくないかもしれませんが、本当に今までのことが理解されているのか、一つ大学入試問題で試してみましょう。

どの言葉が入る？

私たちは日常身近にある何気ないものに、たえずメッセージを受け取ったりしています。

朝の小鳥のさえずりに楽しい一日の（　　　）を読みとったりすることがあります。

①予告　②予感　③予定
④報告　⑤報知※

※報知……事件などを知らせること。知らせ。通知。

朝起きてみると、小鳥のさえずりが聞こえてくる。

なんだか今日一日、いい日になりそうだという気がしてくる。……そんな感じですね。

「小鳥のさえずり」から、「楽しい一日」は「予定」「報告」「報知」ではないので、選択肢は「予感」「予告」に絞られます。


さて、ここからどうしましたか？

なんとなく空欄に「予告」とか「予感」を入れてみて、自分の感覚で判断しませんでしたか？


文章は、必ず論理的な関係から成り立っています。

そこで、「読みとる」の主語を考えると、「私たち」だと分かります。

「私たち」が（　　）を読みとるわけです。

すると、「予感」を答えにすると、「私たち」が「（私たちの）予感」を「読みとる」となって、文章が成り立ちません。

したがって、「朝の小鳥のさえずり」に、「私たち」は（小鳥が楽しい一日を）「予告」しているのを「読みとる」となります。

これはまさしくルール①「主語—述語」の論理的な関係を利用して解く問題です。どんな文章でもルール①で要点を抜きとってしまえば、よりスピーディに情報を処理していけるでしょう。

答 ①予告

この問題は、実は明治大学の入試問題で、しかも難問です。ところが、小学校の低学年で学習する「主語と述語」の関係、つまりルール①を理解していれば、難なく解ける問題だったのです。

では、次に大学入試センター試験の問題を解いてみましょう。

――線部の「ふと」は直接的にどの語句を修飾している？

父が再び病院の中に姿を隠してしまうと、私はその丘陵を下り、岸に沿うて帰りかけた。

私はふと崖崩れのために落ちたかなり大きな石の塊が、道端にころがっているのを認めて、足を止めた。それは見たところ淡青色※で、表面がすべすべしていて固そうであった。私はステッキでその石を叩いてみた。すると固そうに見えた石は、そのステッキの一撃によって、たくさんの亀裂を生じた。

※ 淡青色……うすい青色

①落ちた　②道端に　③ころがっているのを
④認めて　⑤止めた

「ふと」は「副詞」といって、用言（述語となる言葉）を修飾します。

したがって、名詞である「道端」を修飾することはあり得ませんので2は違います。


さて、「ふと」の主語は何でしょうか？

「ふと」は「意図せずに」「思わず」といった意味を持つので、主語は「考える」ことができる、人間や動物に限られます。

すると、①「落ちた」、③「ころがっている」の主語は「石」ですから、答えにはならないことが分かります。

これで選択肢は4と5に絞り込めたわけですが、あなたは5「止めた」を答えにしていませんか？

というのも、「ふと～認めて」よりも、「ふと～止めた」のほうが、なんとなく語調がいいではないですか。


そういう人は多いはずです。

そうやってなんとなく解いて、合ったり間違ったりを繰り返すのです。

本当に「ふと足を止めた」のでしょうか？

「ふと↓足を止めた」のではなく、石を「認めた」から足を止めたのです。

だから、「ふと足を止めた」では、おかしいことになります。

たまたま「大きな石の塊」を見つけたのだから、「ふと認めて」、次に、石を見つけたから、足を止めたわけです。

すると、表面がすべすべしていて固そうだったので、ステッキで叩いてみたわけです。

このように、この問題は「ふと」がどこにかかっているかを、一文の中の言葉のつながり、「修飾―被修飾」という論理的関係に着目して、解いていかなければならないのです。

答 **④認めて**

どんな言葉が入る？

熱を病んで眠っている状態は、スポーツの一形式である。それだけに辛い。また刻々体力を消耗する。そんなことはいうまでもないが、ところでこのスポーツの相手、すなわち敵は誰か？　それは自分自身である。そのことがこの取組を八百長めいて、とりとめないものにする。しかし利点としては、勝ち負けに関らず試合を後腐れのないものにし、また私をどんな点でも傷つけない。その点でサッパリしているのである。

いい廻しが堅苦しくなったが、(1)、かぜの御蔭でかなり熱は高くても生命の危険やさしたる病苦もなく、忘我に近い恍惚境にはいり、世間かまわず大っぴらに昼間っから夢を見ていられるということは、何たる選ばれた者の特権が万人に与えられているのだろうということが(2)。

（法政大学 河上徹太郎『風邪熱談義』）

◎ 文中の空欄(1)、(2)に入るもっとも適切な言葉を、次のⓐ〜ⓖのうちから選べ。

ⓐ反対に私は ⓑ要するに私は ⓒこれに対して私は
ⓓかえって私は ⓔいいたいのである ⓕ試みたいのである
ⓖいえるのである

空欄が二つ、それに対して選択肢が七つあります。

ただなんとなく選択肢から選ぶようでは、あなたの頭はまだ論理的ではありません。

選択肢は見た瞬間、二つに整理したくなるはず。

ⓐ～ⓓは、文頭に来る言葉、ⓔ～ⓖは文末。

そこで、(1)は、ⓐ～ⓓから選べばいいと分かります。

ところが、どの選択肢を選んでも、「私は」が含まれています。

こんなおかしな選択肢は滅多に見たことがないはずです。

「これは罠《わな》に違いないぞ」と思って、罠を外せばいいのです。

そこで、(1)に、「私は」と大きく書き込みます。

すると各選択肢は、単なる接続語の問題となります。

空所直前に「いい廻しが堅苦しくなったが」とあるので、筆者は次に同じ内容を、もっと分かりやすく繰り返す必要があります。

論理的にいうと、「イコールの関係」ですね。

そこで、「イコールの関係」をあらわす、ⓑ「要するに」を入れます。

さて、(2)ですが、ⓔとⓖで迷うはず。

ⓔ（～ということが）いいたいのである

ⓖ（～ということが）いえるのである

さあ、どちらが日本語として正しいのでしょう？

こんなふうに考えるかぎり、あなたは永遠に正解を導くことはできません。

ⓔもⓖも述語です。述語を決定するのは主語であって、それ以外は決してありません。

「いいたいのである」の主語は、「人間」。

それに対して、「いえるのである」の主語は、「こと」。

一文にも論理があります。

どの言葉もなんとなく存在しているのではなく、「主語―述語」「言葉のつながり」など、他の言葉と論理によって結ばれています。

あなたが正確な文章を書くときも、事情は同じです。

今まで解いてきた入試問題は、受験生が言葉を規則に従って使いこなせるかを試しています。

それを、センス・感覚だと信じていい加減に扱ってきたから、文章を的確に読めず、読んでもその内容をすぐに忘れてしまったのです。

そして仕事でこそ、何よりも規則違反をしない正確な文章が要求されるのです。

次の問題で、言葉のつながりを確認してください。

主語と述語を抜き出そう

新聞はともかく、総合雑誌などにはいまだに一読してなんのことかつかみかねるような文章が並んでいる。

「総合雑誌などにはいまだに一読してなんのことかつかみかねるような」が、主語である「文章」を飾っていることが分かれば、「主語―述語」はかんたんに見つかりますね。

答 主語…文章が　述語…並んでいる

◎論理的文章のルール③

今までは、一文がどのように成り立っているのかについて学習してきました。

ここからは、文と文、文と語句のつながりについて学習していきます。

文と文が集まって、文章ができあがります。

そうした文と文とのつながりにも、論理的関係があります。

たとえば、小学校から大学入試まで、接続詞や指示語の問題に頭を悩ませた経験がないでしょうか？

あるいは、何も考えずになんとなく答えて、合ったり間違ったりの繰り返し。いったい何のために国語の問題はあるのだろうと、疑問を抱いたことがあるかもしれませんね。

実は、接続語や指示語の問題も、文と文、文と語句との論理的関係を問うものなのです。

論理的文章のルール

③ 文と文のつながりを見る

その一番手として、「指示語」を取り上げます。

ところで、指示語とは何でしょうか?

それを説明する前に、次の文を見てください。

ぼくは父親参観日がとても楽しみです。どうしてかというと、父親参観日にお父さんの前でいいところを見せると、あとでたくさんおもちゃを買ってもらえるからです。もちろん、父親参観日にいいところを見せるとおもちゃを買ってもらえるということはお母さんにはないしょですが。

この文章を読んでみて、何か読みにくさを感じませんでしたか?
これをもっとすっきりした文章に書き直してみましょう。

ぼくは父親参観日がとても楽しみです。どうしてかというと、**その日**にお父さんの前でいいところを見せると、あとでたくさんおもちゃを買ってもらえるからです。もちろん、**このこと**はお母さんにはないしょですが。

こうすれば、くどい表現はなくなりましたね。
書き替える前の文章は、同じ言葉が連続して何回も出てきていたために、くどくなっていたのです。

書き直した文章は、同じ内容の繰り返しを避け、その代わりに「その日」や「このこと」という言葉を使ったのです。

このような言葉を指示語といいます。

つまり、指示語とは、筆者が述べたこと（仮にAだとします）が連続して出てくるのを避けるために使う言葉なのです。

A
＝（置き換え）
これは…

それでは、実際に問題を解いてみましょう。

文中の──線部を指示語を使って言いかえよう

わたしはおじいちゃんからのプレゼントがあまり好きではありません。どうしてかというと、いつもわたしが好きなものと反対のものをくれるからです。わたしは今こいのぼりを持っています。わたしの背の二倍はあります。①今持っているこいのぼりはおじいちゃんからのプレゼントです。三年前にもらいました。②三年前は、家が広かったのでよかったのですが、今はマンションなのでじゃまになります。来年はもう少し小さなプレゼントがほしいです。

答

①それはおじいちゃんからのプレゼントです。
②その時は、家が広かったのでよかったのですが、

文の要点を十五文字で抜き出そう

旅の基本は歩くことにあるんだ。車の旅が長びくにつれてそんなふうに考えた。

	だ
	と
	。

二つの文から成り立った文章ですから、その文と文との関係を考えます。

第一文は、第二文の「そんなふうに」に含まれているので、第二文が中心となります。

そこで、要点を抜きとるのですが、第二文の「主語—述語」を考えると、

「そんなふうに考えた」

の、「考えた」が述語だから、要点ですね。

次に、「そんなふうに」の指示内容が第一文になるので、第一文の要点＝「主語—述語」を抜きとると、「旅の基本は歩くことにある」となります。

答 **旅の基本は歩くことだと考えた。**

このように、ルール①「主語—述語」、ルール③「文と文のつながり」を使って読みとれましたか？

――線部「これ」を九文字と十七文字に要約しよう

ろくに学校にも行かなかったけど、チャップリンはだれにも負けない勇気と才能と想像力を持っていました。これは人生を切り開くうえでの何よりの力です。

この問題の答えを出すことは、簡単です。

大切なのは、答えを導くプロセス。言葉の規則に従って、問題を扱ったかです。

①「これ」は主語なので、述語を考えると「力」がそれに当たります。

「これは――力です」が、文の要点。

そこで、「これ」の指示内容は、「力」に当たるものだと分かります。

直前から、「力」に当たるものを探すと、「勇気と才能と想像力」が答えです。

②指示内容が変わるわけではありません。「十七文字」という字数制限があるということは、「勇気と才能と想像力」とつながる言葉は何か、という問題です。

もちろん、「だれにも負けない」が答えです。

答

①勇気と才能と想像力　②だれにも負けない勇気と才能と想像力

このように、この指示語の問題はすでに学習した、**ルール①「主語―述語」**、**ルール②「言葉のつながり」**の問題だったのです。

実は、あらゆる問題はほんの少しの規則を知ってそれを使いこなすことで、難なく解決するものなのです。

第四章

考えを整理するための「論理エンジン」

◎論理とは先を予想すること

文と文、あるいは語句との関係を示すものに、接続語があります。接続語は指示語と並んで、あなたが論理的な関係を重視するとき、大切な武器となります。

と同時に、指示語・接続語を意識することで、あなたの言葉の使い方が変わり、頭の働き方までが変化してくるのです。

次の文を見てください。

①私はがんばって勉強した。だから、成績が上がった。
②私はがんばって勉強した。だけど、成績は上がらなかった。

「私はがんばって勉強した」とあると、私たちは「当然成績は上がるはずだ」と思います。このように、論理とは先を予測することでもあるのです。そして、予想通りであるなら、「だから、成績は上がった」と、順接の「だから」を使います。あるいは、予想に反する「だけど、成績は上がらなかった」と、逆接の「だけど」を使うのです。

このように、論理とは先を予想することであり、それは「だから」「だけど」などの接続語に表れているのです。それゆえ、接続語を使いこなすことは、あなたの論理力を向上させることにつながります。

順接＝前と後ろの内容が、当然と思われるつながりになっている
※順接の接続語の例…すると、だから、そこで、したがって
逆接＝前と後ろの内容が、反対と思われるつながりになっている
※逆接の接続語の例…しかし、だが、けれども、でも、ところが、なのに

まずは、とりあえず大きく順接か逆接かをとらえれば十分です。
次の問題を解きながら、さらっと身につけてしまいましょう。

順接か逆接か？

①私は偉くなりたい。（　　　）、努力はしたくない。
②私は偉くなりたい。（　　　）、一生懸命勉強している。
③夢を抱いて、ここまできた。（　　　）、ついにすべてを失ってしまった。
④幽霊を見た。（　　　）怖くなかったよ。
⑤昔の人は空を飛びたいと思った。（　　　）、飛行機を発明した。

答

①逆接　②順接　③逆接　④逆接　⑤順接

◎論理的文章のルール④

ここからは、もう少し細かく接続語を見ていきます。

まずは、「因果」についてです。

因果はすでに学習した順接の一つで、「原因と結果」のことです。

つまり、接続語の前後が「原因」と「結果」になる関係のことです。

次の例文を見てください。

> （原因）風邪をひいたようだ。だから、（結果）今日は学校を欠席した。

接続語の前が原因、後が結果になっていますね。これが因果関係です。

それでは、前に結果、後に原因がくることを示す接続語は何か分かりますか？

答えは「なぜなら」です。
次の例文を見てください。

（結果）今日は学校を欠席した。なぜなら、（原因）風邪をひいたからだ。

「なぜなら」を用いることによって、「結果→原因」という関係になっていることが分かるでしょう。
「だから」とともに、「なぜなら」も覚えておきましょう。

論理的文章のルール

④ 因果関係を見る

接続語を入れよう

①今日の試合は中止になりました。（　　　　）、雨が強く降ってきたからです。
②雨が強く降ってきた。（　　　　）、今日の試合は中止になりました。
③彼は毎日一生懸命勉強している。（　　　　）、成績がいい。
④私たちは必死に祈った。（　　　　）、その願いは届かなかった。
⑤放課後、私は公園へ行った。（　　　　）、友達と約束したからだ。

答　①なぜなら　②だから　③だから　④しかし　⑤なぜなら

◎論理的文章のルール⑤

次の例文を見てください。

彼は今回のテストで驚くべき成績をとった。つまり、クラスで一番だったのだ。

（＝）

ここでは、「驚くべき成績」＝「クラスで一番」という「イコールの関係」が成り立ち、それを表しているのが、「つまり」という接続語なのです。

同じ働きをする語として、「すなわち」「いわゆる」などがあります。

もう一つ、イコールの関係を表す語として大切なものがあります。「たとえば」という例示の接続語です。

（具体例）
好きな食べ物は、なあに？　たとえば、アイスクリームとか？

「好きな食べ物」の具体例として「アイスクリーム」をあげています。
「イコールの関係」でも、具体例をあげている場合、接続語は「たとえば」を使います。

論理的文章のルール

⑤ イコールの関係を見る

では次の問題で、文と文をつなぐ「イコールの関係」をしっかり身につけましょう。

接続語を入れよう

①彼はチームの代表になった。（　　　　　）、キャプテンに選ばれたのである。
②私としては精一杯の努力をした。（　　　　　）、明日のテストが楽しみだ。
③彼はひどく疲れていた。（　　　　　）、彼は仕事をし続けた。
④ぼくには尊敬する人がたくさんいます。（　　　　　）、イチロー選手がそうです。
⑤彼は学校に行きたくない。（　　　　　）、勉強が嫌いだからだ。

答

①つまり　②だから　③しかし　④たとえば　⑤なぜなら

接続語を入れよう

I

わたしの父は頑固な昔者の大工で、職人気質の強い人だったから、家を作るときはどんな細部にも手抜きせず、作る以上は何代にもわたって人が住めるような家しか作りたがらなかった。（　①　）彼が作った家は以来五十年六十年たっても、いまだにびくともせず存在している。（　②　）今はもう、父のような頑固な職人の姿を見かけることはない。

さて　しかし　まるで　あるいは　そして

Ⅱ 次に、文と文の論理的関係を考えてみましょう。次の（　）の中に「＝」（イコール）か「⇔」（対立）かの記号を書き込んでみてください。

わたしの父は頑固な昔者の大工で、職人気質の強い人だったから、家を作るときはどんな細部にも手抜きせず、作る以上は何代にもわたって人が住めるような家しか作りたがらなかった。

（　X　）

彼が作った家は以来五十年六十年たっても、いまだにびくともせず存在している。

（　Y　）

今はもう、父のような頑固な職人の姿を見かけることはない。

まず、①を見てみましょう。

何代にもわたって人が住めるような家しか作りたがらなかった。
←
彼が作った家は以来五十年六十年たっても、いまだにびくともせず存在している。

これは、論理の流れが順接なので、「そして」が答え。

では、②を見てみましょう。

彼が作った家は以来五十年六十年たっても、いまだにびくともせず存在している。
←
今はもう、父のような頑固な職人の姿をみかけることはない。

これは、論理の流れが逆転しているから、「しかし」が答え。

前半と後半の問題の違いが分かりますか？

Ⅰの問題は、前の文と後ろの文との論理的関係。論理の流れが順接なのか、逆接なのかです。

答　①そして　②しかし

◎論理的文章のルール⑥

Ⅱの問題では、筆者が何をいいたいのか、つまり筆者の主張が大切になります。たとえば、Aということを主張するために具体例をあげたり、反対のものを持ちだしたりします。

具体例などは、**「イコールの関係」**、それに対して、反対のものを持ちだすのは、**「対立関係」**です。

Xは、「イコールの関係」です。

筆者の主張は、父が何代にもわたって人が住めるような家しかつくりたがらなかったことです。

それを裏付ける例として、筆者は「彼が作った家は以来五十年六十年たっても、いまだにびくともせず存在している」と述べたのです。ですから、

A（筆者の主張）
＝
A'（具体例）

という論理が成立しています。

それに対して、Yは正反対の例をあげています。

頑固な職人である父と、現代の職人とを比べているので、「対立関係」です。

A　父＝頑固な職人
⇔
B　現代の職人

という論理的関係です。

Ⅰ Ⅱの問題で分かるように、一文と一文の論理的関係、まとまった文章における論理的関係と言葉は、まさに論理という規則によって使われているのです。

論理的文章のルール

⑥ 対立の関係を見る

自分の主張を伝えるためのすじみちの立て方は、大きく分けて「イコールの関係」と「対立の関係」の二つがあるということを確認してください。

この二つの関係を頭に入れて、次の問題を解いてみましょう。

①②に入る語句は何？

早稲田へ移ってから、猫がだん〳〵瘦せてきた。いっこうに小供と遊ぶ気色がない。日があたると縁側に寝ている。前足をそろえた上に、四角な顎を載せて、じっと庭の植込を眺めたまゝ、いつまでも動く様子が見えない。小供がいくらその傍で騒いでも、知らぬ顔をしている。小供のほうでも、はじめから相手にしなくなった。この猫はとても遊び仲間にできないといわんばかりに、旧友を ① いる。小供のみではない、下女はたゞ三度の食を、台所の隅に置いてやるだけでそのほかには、ほとんど構い付けなかった。しかもその食はたいてい近所にいる大きな三毛猫が来て食ってしまった。猫は別に怒る様子もなかった。喧嘩をするところを見た試しもない。たゞじっとして寝ていた。しかしその寝方にどことなく ② 。のんびり楽々と身を横に、日光を領しているのと違って、動くべき、せきが※ないために――これでは、まだ形容し足りない。懶さの度をあるところまで通り越して、動かなければ淋しいが、動くとなお淋しいので、我慢して、じっと辛抱しているように見えた。

※せき…元気。精力

◎［①］と［②］の中に入るもっとも適当な語句を、次から選びなさい。ただし、［①］は語群Aから［②］は語群Bから選びなさい。

語群A　㋐あざわらって　㋑軽蔑して　㋒他人扱いにして　㋓憐憫視して

語群B　㋐いげんがある　㋑輝きがない　㋒ゆとりがない　㋓活発さがない

①［　　］　②［　　］

①に何が入るのか？　なんとなく選択肢の言葉を入れてつなげて読んでみて、自分の感覚に頼って問題を処理していませんか？

それでは、あなたの頭脳を論理的なものに変えることはできませんよね。

この猫はとても遊び仲間にできないといわんばかりに、旧友を［①］いる。

①は、この空所がどの言葉とつながっているのかを考えます。
「言葉のつながり」の問題ですね。

遊び仲間にできないといわんばかりに ─┐
旧友を ─────────────────────┴─ ［①］

というつながりから、子供たちは猫を遊び仲間、旧友と思っていたが、今では病気の猫を相手にしなくなったのだと分かります。

そこで、「相手にしなくなった」にあたるものを選択肢から選ぶと、ウ「他人扱いにして」が答えです。

しかしその寝方にどことなく［②］。

②とつながっている言葉は、「その寝方」です。
もちろん、その寝方とは病気の猫の寝方なので、㋐「いげんがある」は、×。
さあ、㋑「輝きがない」も、寝方をあらわすものとして、間違いです。
病気の猫だから、「活発さがない」と、㋓「活発さがない」が残りました。

空所の前に「しかし」と逆接がありますよね。
もし、「活発さがない」が答えだったら、「ただじっとして寝ていた」とは、逆接でつなげることはできません。

言葉の規則違反をしているからです。

「じっとして寝ていた」と逆接でつながるのは、「ゆとりがない」だけです。

空所の後、漱石は「動かなければ淋しいが、動くとなお淋しいので、我慢して、じっと辛抱しているように見えた」と描写しています。

よく夜中に気分が悪くて目が覚め、寝返りを打つことがありますね。起きあがる元気はないが、かといって吐き気がしてじっとしていられない。そんな状態ではないでしょうか。

答 ①ウ**他人扱いにして**　②ウ**ゆとりがない**

ここから、いよいよ本格的な論理の練習に入っていきます。

筆者は自分の主張を不特定多数の相手に正確に伝えるために、すじみちを立てて説明しようとします。

逆にいうと、文章は相手の立てたすじみちを追って読んでいくものですし、だからこそ、それをすじみち立てて整理し、要約することができるのです。

そこで、いい本を読んだとき、いい文章に触れたときには、ノートに要約をしておくのです。

そうすれば、今度はそれをいつでも、誰かにすじみちを立てて話すことができます。

論理的力を鍛える方法を確認すると、

論理的な読み方→論理的なまとめ方→論理的な書き方

と、一つのサイクルとなっているのです。

◎確実に伝える工夫

ある程度まとまった文章を読むとき、何が話題かを意識しましょう。

話題は、短い文章での「小見出し」にあたるものです。

会話でも、最初に話題を提示するべきです。

他者意識を持つと、自分のことは相手にはなかなか理解されないという意識が前提となってくるので、必ず「今からこのことについて話すよ」と話題を提示し、次にそれについて説明していきます。

商談や会議でも、そういった話し方をすると、スムーズにコミュニケーションができます。

実際こんな経験をしたことがありませんか？

相手が何かを一生懸命に話しているのですが、いったい何について話しているのか分からず、一生懸命あれこれと頭に思い浮かべようとするのですが、そのうちに相手の話がどんどん進んでいき、なんのことかワケが分からなくなる。ようやく、「なんだ、そのことか」と気がつくのですが、そのときは相手の話が終わっていた、こんな経験です。

人は自分の話していることは**当然、相手も分かってくれると信じ込んでいます。**そして、相手が理解しないと口をとがらせて、「ちっとも聞いてないじゃない」と不満を口にしたりするのです。

人はそう簡単に分かってくれないと気がついたとき、論理的な伝え方が始まるのです。その第一歩が、話題の提示です。

◎シンプルで分かりやすい書き方

新聞の社説に、少し大きな字で内容がひと目で分かる言葉が書いてあります。それを小見出しといいます。

ビジネス書なども、目次を開くと、

> 第一章　○○
> ××
> ××

この×の部分が小見出しです。

次に、本文に入っていくと、

> ××（小見出し）
> ――――――――
> ――――――――（本文）

とあります。

本文は小見出しについて書いてあるのであり、話題が変わるとページも新たになり、また新しい小見出しが提示されることになります。

つまり、ビジネス書でも新聞の社説などでも、結局は小見出しについて論証しているだけなので、

小見出し＋論理

という単純な構造になっているのです。

さらに小見出しは、本文の一番要点となっている部分と考えてもかまいません。

一文の要点はすでに学習しましたが、実はまとまった文章にも要点があり、それが小見出しになる場合がほとんどなのです。

では次の問題で、本文から話題を読みとる練習、要点をつかむ練習をしてみてください。

□に共通して入る二字熟語を本文から探そう

われわれの社会で生きるための知恵は、□と呼ばれている。□は人間が環境を理解し、それを利用し、自分らしく生きるための社会的な知恵の集積のことである。□はひとことで表現すれば、ある社会集団に特徴的な生活の様式（仕方）である。文化はある特定の社会に生活している人々が共通にもっている習慣的な考え方や理解の仕方、そして行動の仕方のすべてをさして用いられる。

（藤竹暁『生きるために必要なこと』による）

最初の文に注目してください。

「われわれの社会で生きるための知恵は□と呼ばれている」と話題を提示していますね。その話題の部分を□にしたのです。

そして本文は話題について述べているのだから、□は必ず解けるはずです。

最後に「文化は〜用いられる」とあり、話題に対する筆者の考えとなっているので、答えは「文化」ですね。

答　文化

文章を要約しよう

立ち止まる。見る。美術館では、それしかすることがないし、それだけしかできない。けれども、ただそれだけのことが、とても新鮮に感じられる。自分の目で見る。じっと見つめる。いまではそれだけのことが、一瞬一瞬の出来事に忙しく目を走らせることに追われて、ふだんになかなかできにくくなってしまっている。自分の目で見るという習慣をなくしてしまっているのだ。美術館が思い出させてくれるのは、日常にともすれば忘れられている、その習慣の大切さだろう。

（長田弘『感受性の領分』による）

◎　この文章を次のようにまとめます。

（　①　）には話題となる言葉を、（　②　）には話題に対する筆者の考えを書き入れなさい。

ただし、「習慣の大切さ」という言葉を用いること。

筆者にとっての（　①　）とは（　　　②　　　）である。

答

①美術館

②自分の目で見るという習慣の大切さを思い出させてくれるところ

◎要点をとらえる簡単な方法

一文の中にも要点がありました。ルール①を使って主語と述語でつかまえればよかったわけです。

では、まとまった文章の要点はどうやって見分けたらいいでしょうか？

そこで、抽象という考え方が役に立ちます。

「抽象（化）」とはどういう意味でしょうか。

この言葉の意味を正しく理解している人は、非常に少ないのではないでしょうか。

多くの人は**「分かりにくいこと」ぐらいに**考えていると思います。

しかし、これではこの言葉を正しく理解しているとはいえません。

抽象とは「共通点を取り出す」ことをいいます。

これだけでは分かりにくいと思うので、例を出して説明します。

りんご　みかん　もも　ぶどう　柿

これらに共通する点は何でしょうか。
もちろん、最適な答えは「くだもの」ですね。
つまり、これら五つの言葉を抽象化すると「くだもの」になるのです。
逆に、「くだもの」を具体化すると、りんごやみかんなどになるわけです。

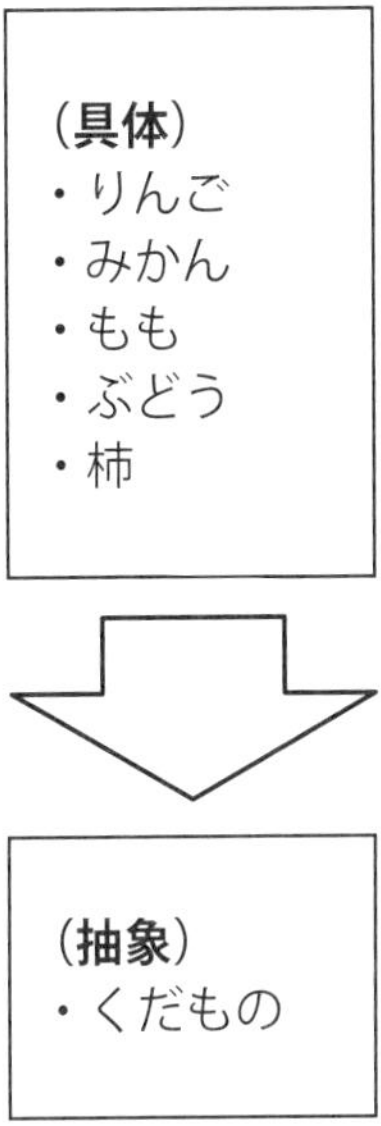

それでは次の問題をやってみましょう。

一つの言葉で抽象化しよう

①くだもの・野菜・魚・肉・米
②サッカー・野球・バスケットボール・相撲・水泳

答

①たべもの
②スポーツ

論理的に書いたり読むためには、言語の持つ抽象化の働きを利用します。まずは抽象化を意識して、次の問題を解いてみましょう。

「ふしぎなこと」の例を三つ、二十文字以内で答えよう

私たちのからだには、非常に多くの〝ふしぎなこと〟がある。というより、ふしぎなことのほうが多い。たとえば、発熱したとする。一日じゅう、同じように発熱していることはまずない。朝のうちは低いが、夕方になって高くなるとか、夜になって高くなるとかいった具合である。痛みだって同じである。のべつまくなし※に痛みつづけているというものではない。気分がいいという場合も同様である。一日じゅう気分がそう快だという日はほとんどない。午前中はさえているが、午後はそうではないとか、逆に夜になってからさえてくるという具合である。

（水野肇『ボディ・タイム』による）

※のべつまくなし…ひっきりなしに続くこと

筆者は「からだには多くの〝ふしぎなこと〟がある」と述べているのですが、それを論証するために、三つの具体例をあげています。「発熱・痛み・気分」の三つです。

A　筆者の主張（一般）
＝
A'　具体例（具体）

という論理的関係があります。

要点は一般的なものが多く、それに対して、その裏付けとしてあげられるものは、具体例とか、自分の体験談とか、具体的なものが多いのです。

だから、A（一般）から入っていく文章は、次にA'（具体）を意識します。

逆に、A'（具体）から入っていく文章は、どこかで必ず一般化（A）します。

それが文章の要点であり、筆者の主張となるのです。

答　**発熱・痛み・気分**

◎主張を伝えるために必要な二つの論理関係

さて、ここから自分の主張をうまく伝えるための論理を学びましょう。それがうまくなると、あなたも論理的な文章が、おもしろいように書けてくるはずです。

自分の主張を分かってもらうために、それと同じものあるいは反対のものを持ち出して、あなたの主張を明確に伝えます。

接続語で習ったように、ルール⑤「イコールの関係」、ルール⑥「対立関係」を使っていきます。

筆者の主張をAとすると、それを論証するために、筆者は具体例や体験をあげようとします。

これらは具体であって、それをA'とすると、そこには、

A　筆者の主張
＝
A’　具体例・体験・引用など

といった論理的関係が成立します。

これを「イコールの関係」といいます。

接続語のときも、「すなわち」「要するに」など、「イコールの関係」がありましたね。

人間は一人ひとり異なり、誰も同じ人はいないのに、それを「男」という言葉でまとめたとき、私たちはその共通点を抜きとったのです。

ここにおいて、すでに言葉は抽象という働きをしているのです。

そして、

A'　一人ひとりの人間
　　＝
A　男

と、「イコールの関係」が成立しています。

そして、「男」に対し、「女」という言葉を並べたとき、「対立関係」が成立するのです。

ルール⑤「イコールの関係」を利用して、あなたの主張を明確に伝えることができます。

では、次の問題で、「イコールの関係」という論理を身につけてください。

「幽霊」がたとえているものを、五字で抜きだそう

語られざることは存在しない。

そうです、欧米社会では発言しなければ、そこにいないも同然です。外国語学校でも、ＰＴＡでも、会議の席上でも、出席者は口々に発言しようとするではありませんか。たとえつまらない意見でも、幽霊にならないために。

（木村治美『こころの時代に』による）

□□□□□こと。

出席しても何も語らない人のことを、「幽霊」にたとえました。

比喩は、何を何にたとえたのかを考えます。

そして、たとえたものと、たとえられたものとの間には、「イコールの関係」が成り立ちます。

A　存在しない

＝

A'　幽霊（比喩）

答　存在しない

(Ⅰ)・(Ⅱ)に入る言葉の組み合わせは？

言語が言語として機能していくためには、話す人とこれを受ける人との間で、暗黙のうちに一定の秩序が成立しているはずです。日本語の場合には、これが話し手の方を中心にしてできていると、わたくしは思います。すなわち、(Ⅰ)の方で(Ⅱ)の見方に自分自身を合わせていく仕組みになっています。

（山下秀雄『日本のことばとこころ』による）

㋐ (Ⅰ)話し手　(Ⅱ)聞き手
㋑ (Ⅰ)聞き手　(Ⅱ)話し手
㋒ (Ⅰ)話し手　(Ⅱ)話し手
㋓ (Ⅰ)聞き手　(Ⅱ)聞き手

(Ⅰ)の直前に「すなわち」という「イコールの関係」を表す接続語があります。「話し手の方を中心にしてできている」とイコールになるように、選択肢を選べばいいのです。

このように、言葉と論理は表裏一体です。言葉を規則に従って使うとき、論理が発生するのです。

答　㋑

次に、「イコールの関係」だけでなく、もう一つの「対立関係」もたえず意識することが必要です。

たとえば、日本について分かってもらうために西洋と比べたり、現代について分かってもらうために過去と比べたりします。

ときには反対意見を持ち出し、それをやんわりとひっくり返します。

では、「対立の関係」を意識して、次の問題を解いてください。

何と何が対比されている？
その二つはどう異なるでしょう

幽霊もまた広い意味でのカミである。しかも正当に祀られないカミであるという点も妖怪と同じである。
しかし、幽霊は人間であったものが人間のかたちをとって出現したものである。これに対し、妖怪は人間以外のかたちをとって出現する。前身が人間であるか、人間でないか、現状が人間のかたちをしているか、人間のかたちをしていない（人間のかたちの崩れたものを含む）か、という点に幽霊と妖怪を区別する一つの目安がある。

（諏訪春雄『日本の幽霊』による）

答

幽霊　⇔　妖怪

・幽霊…人間であったものが人間のかたちをとって出現したもの。
・妖怪…人間ではないものが人間以外のかたちをとって出現したもの。

構造を図式化して対立関係を探そう

子どものことばを考える場合には、だいたい大人のことばと対立させて考えるのが普通です。その背後にあるのは、大人のことばのほうが普通であって、子どものことばのほうは普通でないということでしょう。

ちょうどそれと同じような考え方が詩のことばについてもなされます。つまり、日常のことばというのは普通であって、詩のことばは何か特殊なことばであるというような発想です。

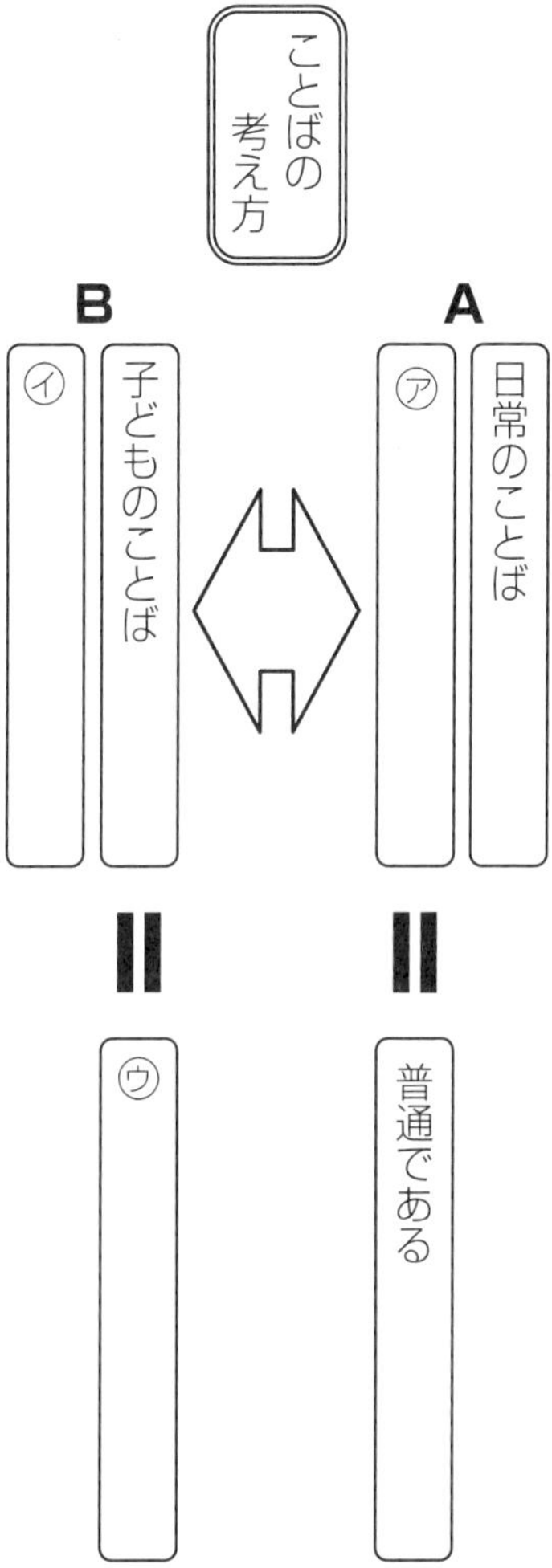
ことばの考え方
A
日常のことば
㋐
普通である
B
子どものことば
㋑
㋒

少し丁寧に見ていきましょう。

「子どものことばを考える場合には、だいたい大人のことばと対立させて考えるのが普通です」

この冒頭の一文から、「大人のことば」と「子どものことば」を対立させていることが分かります。

そこで、図を見ると、「子どものことば」がB側にあるので、「大人のことば」はAの空所㋐に入れます。

「その背後にあるのは、大人のことばのほうが普通であって、子どものことばのほうは普通でないということでしょう」

ここからは、

> 大人のことば＝普通である
> ⇔
> 子どものことば＝普通でない

という対立関係が見られますので、図の「子どものことば」の下の空所㋒には、「普通でない」を入れます。

さて、次に新しく「詩のことば」が登場します。

ここまでは、「大人のことば」「子どものことば」という基準、つまり物差しをつくったのです。

その物差しで、これからいよいよ「詩のことば」をはかろうというのです。

「詩のことば」は、「日常のことば」と対立関係にあるので、B側です。

すると、「子どものことば」の側となり、その下にはすでに「普通でない」を入れていますね。

そこで、「詩のことば」＝「普通でない」という関係が成立していることが分かります。

答　㋐大人のことば　㋑詩のことば　㋒普通でない

構造を図式化しよう

昔の家族のように、大家族制で家も大きく、結婚しなかった娘が同居していたり、お手伝いさんが雇えたり、そして何よりも家督を息子へ譲りわたすことが確実であったころには、年とった親の面倒をみることは子どもの義務であるとともに、それによって子どもの職業や生活が保証されるという利益もあった。

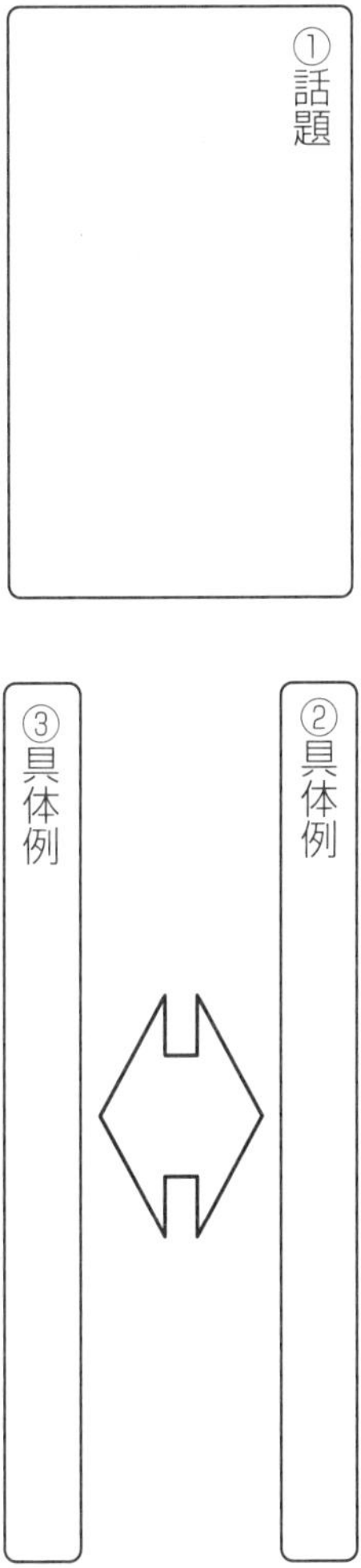
①話題
②具体例
③具体例

④問題文を要約すると、次のようになりました。空いているマス目に言葉を書き込んで完成させなさい。

□の□□□□で、□□□□
□□□□□□□□□は□□
□□□□ではあるが、そこ
に□□もあった。

話題は、「昔の大家族制」なので、これを①に入れます。

「家も大きく、結婚しなかった娘が同居していたり、お手伝いさんが雇えたり、そして、何よりも家督を息子に譲りわたすことが確実であったころには」は飾っている箇所で、要点は大家族制の長所と短所です。

年とった親の面倒をみることは子どもの義務であることが、短所。

それに対し、子どもの職業や生活が保証されるという利益が、長所。

もちろん、「義務」と「利益」は対立関係にあるから、それぞれ②と③に入ります。

答

①昔の大家族制　②年とった親の面倒をみる義務

③子どもの職業や生活が保証される利益

④昔の大家族制で、年とった親の面倒をみることは子どもの義務ではあるが、そこに利益もあった。

このように、論理的な文章は必ず図式化が可能で、それは同時に要約が可能だということです。

構造をつかもう

人間としてのモラルやマナーを大切にすることは、「豊かな社会」にとっての必須の要件の一つなのです。たとえば次のような風景をよく目にします。夕方のバスターミナルで塾帰りの小学生五、六人が、到着したバスにわれ先に飛び乗り、座席にすわる。お年寄りがあとから乗ってきても知らぬ顔を決めこむ。数年前、アメリカのある博物館を訪れたとき、全く逆の風景を目にしました。博物館の一室で十分ほどの映画を見せてくれました。そのとき、母親に連れられた小学校高学年の子どもが椅子にすわろうとしました。すると母親はきびしい顔で「座席はお年寄りのためのものですよ。」と注意しました。子どもが素直にしたがったことはいうまでもありません。

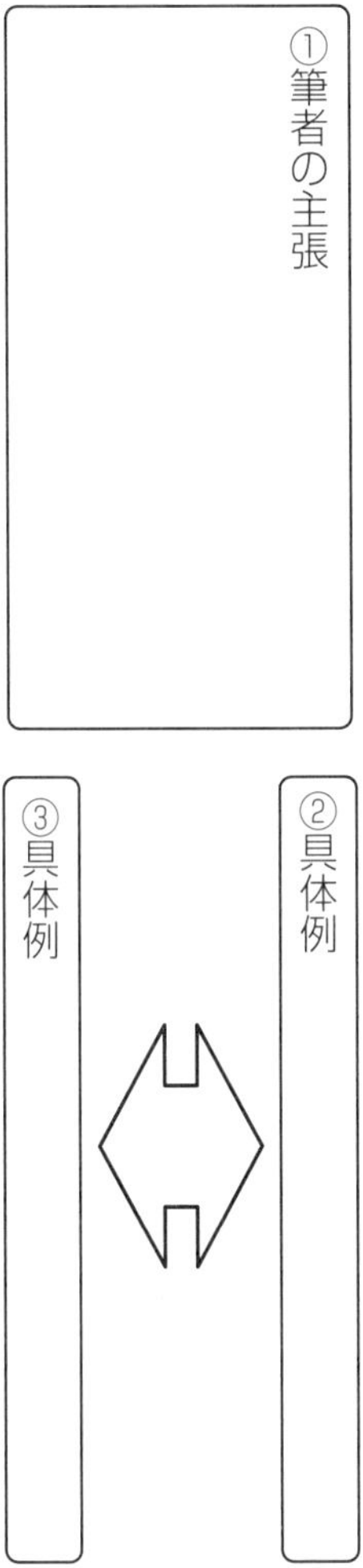
①筆者の主張
③具体例
②具体例

冒頭に、筆者の主張がきています。
「人間としてのモラルやマナーを大切にすること」
これが、筆者の主張ですね。
以下、これに対して、論証していきます。
具体例の一つめは、「夕方のバス～知らぬ顔を決めこむ」
これは否定的な例ですね。
具体例の二つめは、「数年前、アメリカの～いうまでもありません」
これは肯定的な例です。
そして、二つの具体例は対立関係になっています。

答

①人間としてのモラルやマナー
②夕方のバスターミナルでお年寄りに席をゆずらない
③アメリカの美術館で母親が子どもに席をゆずるよう注意し、子どもが従った

さあ、ここまでで論理的な読み方とその整理、まとめ方が分かってきましたか？
では最終ステップとして、要約のトレーニングに入っていきましょう。
まずは、段落の要点をつかまえる練習です。
先にならった「抽象化」を使うと、すんなり解ける問題です。
次ページの文章を読んで、十字以内で内容をまとめられますか？

「読書の楽しみ」のよい点を十字以内で答えよう

読書の楽しみは一人でできる楽しみです。碁を打つには相手がいる。野球を楽しむには自分の他に少なくとも十七人の賛同者が必要でしょう。そういう楽しみは、いつでもどこでも、というわけにはゆきません。道具や、設備や、場合によっては途方もなく広い場所がなければ、どうにもならない。読書の方は、設備も要らず、どこかへ出かけるにも及ばず、相手と相談もせず、気の向くままにいつでもどこでもできます。蛍の光窓の雪というのは、貧富の差が大きく、灯火用の油の値段が高すぎたむかしの話です。今は電気がいたるところにあるので、誰でも、望めば昼となく夜となく好きな本を読むことができるでしょう。こんな便利な娯楽はめったにありません。しかもカネがかからない。本が高くなったといっても、どこかの「ファミリー・レストラン」で、二、三度食事をする値段で、大抵の本は買えます。それでも買えないほど高い本は、公立図書館にあり、そこから借りればタダですむでしょう。こんなに安くて便利な楽しみを知らぬ人がいるとすれば、その気の毒な人に同情しなければなりません。

（加藤周一『読書術』による）

◎　読書の楽しみのよい点とはどのような点ですか。十字以内で答えなさい。

話題は冒頭の「読書の楽しみ」。

次に、それを具体的に述べています。そこで、読書の楽しみの具体的な説明が一般化された箇所を探していけばいいのです。

A'（具体）→A（一般）

の論理パターンです。

本文末尾に**「こんなに安くて便利な楽しみ」**とまとめています。

それ以外の文章は、「安くて便利な楽しみ」の具体的な説明にすぎません。

抽象という言葉の働きが、少し分かってきましたか？

答 **便利で安いという点。**

さて、段落の要点が読みとることができるようになりました。
ところが、文章というのは一つの段落だけで成り立っているのではありません。いくつかの段落もまた論理的に関係づけられて、初めてまとまりをもった大きな文章となるのです。

段落と段落との論理的関係の代表は、**ルール⑤「イコールの関係」**、**ルール⑥「対立関係」**の二つですが、実はそれ以上に大切な論理的関係があります。
それが**ルール④「因果関係」**です。

接続語でも、因果関係って出てきましたね。
「だから」「したがって」「それゆえ」などで、

A（原因）→B（結果）

という論理的パターンです。

文章の論理構造でも同じです。
筆者がまずAを論証します。
そして、そのAを前提に、「だからBとなる」と論を展開するパターンです。
こういった場合、最終結論はBとなります。

このような論証の仕方を自分のものとするためには、その論理形式に慣れることがもっとも効果的です。

次の問題を解きながら、その方法に慣れていきましょう。

段落と段落の論理関係をつかもう

第一段落
むろん、咲き乱れる花を見れば、だれもが美しいと思うでしょう。満天の星が輝くのを見あげればきれいだと思うにちがいありません。美しいものは美しい。だから美というものは普遍的であり、万人の心をひとしくとらえるものだと、ついそう考えがちです。しかし、おなじ星空をながめても、それを美しいと感じる感じ方は千差万別なのです。

第二段落
他の民族といわず、日本人同士でさえそうです。私はこんな話をきいてびっくりしたことがあります。夏休みに都会の子供たちを、自然に親しませようと、空気の澄んだ高原へ連れて行ったところ、夜になって満天の星が輝きだすと、子供たちがいっせいに気味悪がったというのです。気味が悪い！　都会の子供たちが見なれている夜空はいつでもかすんでおり、彼らはそれが空というものだと思っている。だから数えきれないほどの星が輝いている空は美しいどころか、薄気味悪く思えるのです。これをもってしても、人間の美的感覚というものが、環境によっていかにちがったものなるか、十分に察することができましょう。極言すれば、美的感覚とは教えられることによって、はじめて人間の心の中に育つといってもいいのです。

（森本哲郎『そして、自分への旅』による）

◎　第二の段落は、第一段落に対してどのような関係になっているか。次のア～エのうちからもっとも適切なものを一つ選び、記号で答えよ。

㋐第一の段落の内容を批判して、具体例をあげて反論している。
㋑第一の段落の内容を要約したうえで、別の話題に転換している。
㋒第一の段落の内容を受けて、具体的な例をあげ説明している。

㊁第一の段落の内容を発展させて、新たな疑問を指摘している。

第一段落では、「美しいと感じる感じ方は千差万別なのです」と主張します。第二段落では、その具体例として、「都会の子供たちが満天の星を気味悪がる」という具体例（A'）です。

それを受けて、「美的感覚とは教えられることによって、はじめて人間の心の中に育つ」と結論づけています。（B）

A→Bの流れがつかめましたか？

答　㋒

最後に、段落同士の論理的関係を把握するトレーニングに入ります。

段落同士の関係を考えよう

第一段落

日本地図を開いてみると明らかなように、わが国は北海道から九州まで細長い島国であり、四季の変化には実にめぐまれている。北方と南方とでは気候はかなりちがうが、それでも、春、夏、秋、冬といった順序は一通りあるわけで、その春も、初春、中春、晩春といった風にこまかくわけることができる。冬から春への移り変わり、春から夏への移り変わりも微妙である。こうした季節の複雑な変化が、日本人の感覚に与えた影響を見のがすことはできない。

第二段落

しかし、最近になると、私たちの季節感は、昔ほどこまやかではなくなったようである。小説などを見ても、風景とか季節をこまかく描く場合は少ない。人間の心理とか生活が正面に出てきて、人間の劇が中心となって、風景などこまかく書かれるとかえって退屈するのが現代人である。このことを私は必ずしも残念だとは思っていないが、しかし、やはり何かもの足りないものがある。特に大都会に生活していると季節感などまるでなくしてしまうことに気づく。

（亀井勝一郎『青春の思索』による）

◎　第二段落は、第一段落に対してどのような関係にあるか。もっとも適当なものを、次の㋐～㋔の中から二つ選びなさい。

㋐第一段落の内容に対して、根拠を示している。
㋑第一段落の内容を離れて、話題を転換している。
㋒第一段落の内容を受けて、要点を整理している。
㋓第一段落の内容に対して、具体例を提示している。
㋔第一段落の内容を受けて、対比して説明している。

第一段落は、「季節の複雑な変化が、日本人の感覚に与えた影響」について述べています。

ところが、第二段落では一転、「現在、大都会では季節感などなくしてしまった」と、第一段落とは反対のことを述べているのです。

答 ㋔

第五章

考えるツールをつくる文章のストック法

◎知識を定着させる方法

知識とは、理解し関連づけて、初めて獲得するものです。

初めて会う人の名前をその場で十人覚えよといわれても、おそらく不可能でしょう。

第一、苦痛でなりません。

苦労して覚えたところで、一晩たてば、すっかり忘れてしまっているに違いありません。

一晩で忘れてしまうような知識など、**何の糧《かて》にもならないのです**。

知識を本当に使えるようにするために、論理力こそが必要なのです。

そして、論理力は正確な知識と表裏一体です。

学校で習った英語でも理科、社会でも、必要な知識を理解し記憶して、その知識をもとに文章を読み、問題を解いてきました。

あいまいな知識をもとにしていては、文章を読むことも、ものを考えることもできません。

知識を確実に自分のものにしたり、ものを考えるようになるためには、論理力を鍛えることが、第一歩です。

すじみちを立てて考え整理し、まとめることができたなら、知識は自然と増えていくものなのです。

そして、その知識を使ってものを考えます。

すると、その知識はあなたの脳髄の中で次第に血肉化し、一生のものとなっていくのです。

◎八頭身美人を創造する

すじみちの通った文章は、必ずバランスがいいものです。ここで、人の体にたとえて話してみましょう。

人間の体は、その中心に骨があります。

でも、骨だけだと骸骨で、とても生きた人間とはいえません。

骨の周りには肉がついています。もちろん、手足にも肉がついていますが、背骨の周りの肉のほうが分厚いですね。

文章も同じで、要点となる箇所が骨に当たります。

各部分部分で要点があるように、人間の体のさまざまな部分にも骨があります。

でも、頭蓋骨《ずがいこつ》と背骨は一つであるように、趣旨（最終結論）は一つであり、そのすじみちも一本しかありません。

指の骨にも肉がついているように、どの要点にも具体的な説明がついています。でも、やはり指の骨の周りの肉よりも、胴体のほうが大きいですね。

文章も同じことです。

論理的で美しい文章は、頭蓋骨が一つで一本の筋が通った文章です。

しかも、骨の部分にバランスのとれた肉がついています。

間違っても、胴体よりも腕の肉のほうが分厚いといったことはありません。

八頭身くらいのバランスのとれた美しい人間を創造するように、筋の通った綺麗な文章を書くように心がけてください。

逆に文章を読むときは、肉を削りとり骨（要点）だけをつかみとります。

すると、どんな長文でも肉がついているだけのことで、骸骨にすれば難しいものなど一つもないことが分かります。

◎なぜ、要約が論理力を鍛えるのか

私たちは普段、裸で街を出歩くことはありません。やはり人間は人目を気にするから、少しでも綺麗に見せようと着飾り、化粧までします。

文章も同じです。一見難解な文章も、衣装を引きはがし骸骨にしてしまえば、実に単純なものだと分かります。

要約文は骨だけで書く、骸骨の文章です。だから、どれほどの名文であっても、その要約文を読んで感動することは、滅多にありません。

どれほど綺麗な女性でも骸骨であったら、他の女性とそれほど変わりはないのではないでしょうか。

しかし、無駄のない文章を書くには、飾りを取りはらうための要約力が大切です。要約力を磨くには、いい文章をノートにストックし、その要約を書くことが一番です。

要約のストックがたまってくると、切り口、語り口が異なっても、実は同じことではないかと思うことが日常の中で増えてきます。

そう思った瞬間、ノートを開き、その要約を読み返します。そして自分の言葉で、空いているところにメモをするのです。

このとき注意しなければならないことは、**あまり丁寧に書かないこと**。綺麗な字で、きちんとした文章を書こうとすると、結構時間がかかって長続きしません。

自分だけが読める字でいいのです。簡単なメモをさっととります。

大切なのは、そのスピード感です。

いつでもカバンの中にノートを入れておいてください。すぐにとり出せるように。その携帯性が成功の秘訣です。

ノートには、参考になると思った文章の要約、そしてそれに関してあなたが感じたこと、発見したことを書きます。次ページのような形で書いていきます。

体裁などは自由ですが、基本はあなたが使いやすいようにアレンジしてみてください。

テレビのワイドショーを見ていたら、痛ましい事件が起こった。

なぜ、こんなことが起こるのか。

実は、それは社会の現象面にすぎなくて、その根本には構造的問題があるのではないか。

そのときに、関係するメモや文章を思い出したら、すぐにそのページを開けて、空いている所にメモします。

そうやって、次から次へとストックが頭の中に浮かんでくる瞬間が、必ず来ます。

そのときまで、**あせらずにじっと待ってください。**

やがて、あらゆるストックが、切り口や語り口こそ違っても、この現代の日本をと

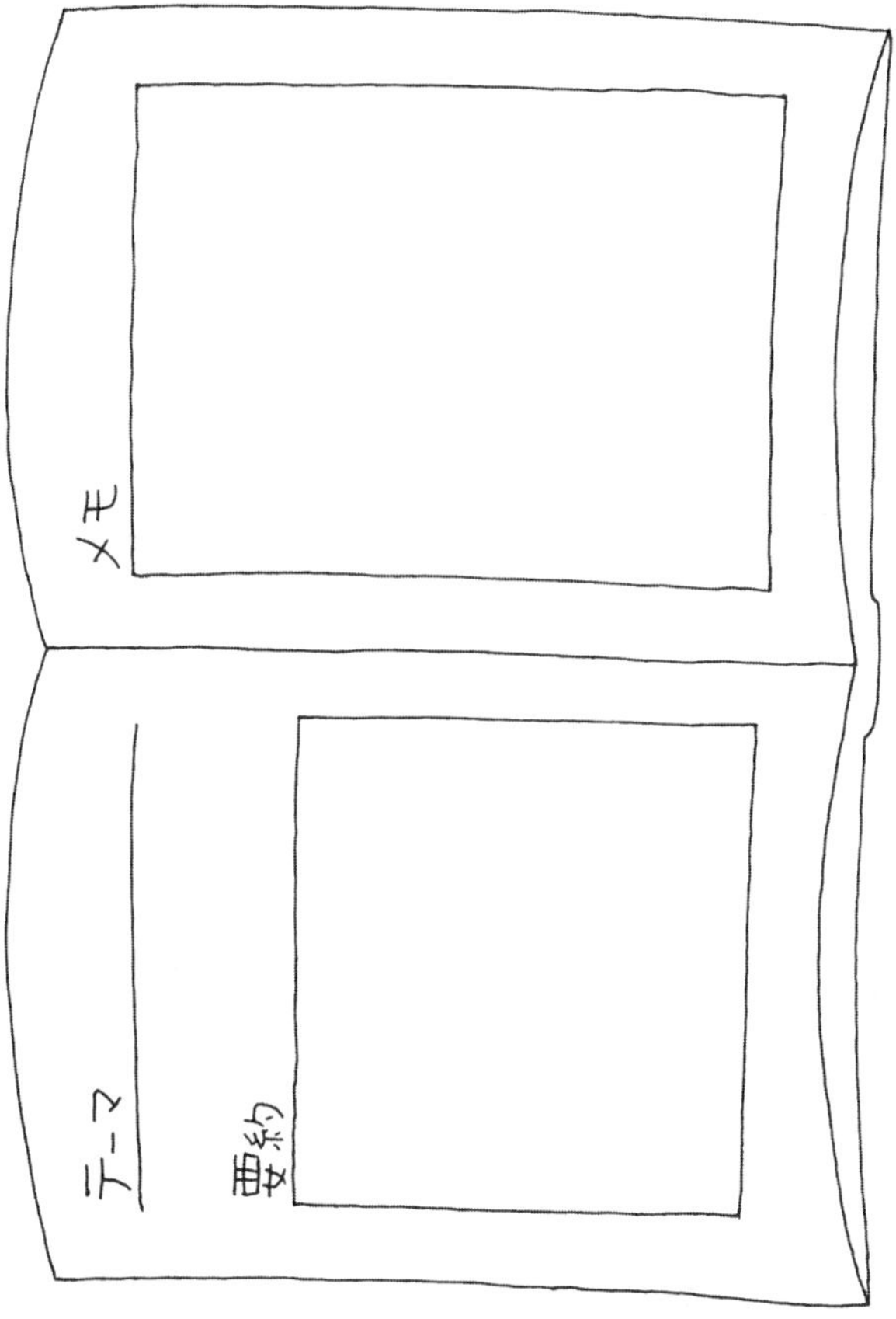
メモ
テーマ
要約

らえているのだと分かるとき、あなたは縦横無尽にあらゆる角度から、現代日本をとらえたことになります。

この繰り返しによって、ものを考える人間に、みずからを改造していくのです。

◎簡単にできて効果の大きい方法とは

文章をストックするというと、人の考えを模倣するのではないですか、という人がいます。しかし、模倣こそ、創造の母なのです。

学問の世界でも例外ではありません。

果たして、独創性とは何か?

たとえば、Aさんがあることを考えだしたとしましょう。

人の一生なんて、ただか知れています。

それなのに、次の人Bさんは、また一からAさんが考えたことを始めなければならないのでしょうか？

それでは学問の進歩など、とうていあり得ません。

Bさんは、Aさんが考えたことを理解します。その段階で、Aさんの正しさを同時に検証していることになります。

AさんはBさんが考えたことを理解したうえで、さらにその先のことを考えついていくのです。

昔から多くの人が考え続けてきた学問の大系に沿って、新しく考えたことが真に独創で、それが学問の発展に寄与するのです。

評論家とは、多くの人が書いた文章を模倣した人間のことです。だから、あらゆる問題について、意見を述べることができるのです。

私たちはストックを増やすことで、初めてものを考えることができます。

空っぽの頭で考え出したことなんて、ただの思いつきで何の役にも立たないのです。

真の独創は、他人の文章を多く模倣することから生まれるのです。

◎言葉を自在に使いこなすには

実際に、言葉や文章のストックがたくさんたまったとしましょう。

ところが、その他人の文章をそのまま使ってしまう人がいるのです。

それこそ、単なる模倣です。

自分で要約した文章を繰り返し読んでみましょう。

たとえば、それが新聞からとったものであれば、現代の日本をどのような角度から、どのように語っているか、それを意識しましょう。

すると、やがてその文章や考え方のすじみちを自分の言葉で説明できるようになっていきます。

そのとき、ストックは消化され、あなたのものとなったのです。

そして、論理の言葉で人にすじみちを立てて説明できるようになります。

その瞬間、どうか祝杯をあげてください。

論理力があなたのものとなりつつあるのです。

あなた自身が変わる、最初の一歩です。

ストックがどんどんたまっていき、やがてそれらを自分の言葉で説明できたとしましょう。


次に、あなた自身の中に何がおこってくるのか？

あるとき、次々とあなた自身の考えが浮かんできます。

「この話はストックのあの話と密接な関係がある」と。

あなたの頭の中で、知識が使える道具となり、そこから次々と新しい考えが生まれてくるのです。

まさに模倣が創造を生み出したのです。

テレビのワイドショーを見ていても、仲間と話をしていても、次から次へとあなたの頭の中に、自分の意見が浮かび上がって来ます。

それを誰もが納得できるように、話して聞かせることもできます。

そのとき、再び乾杯です。

あなたは変わったのです。

そして、それは本物の変貌であって、論理を生涯武器とすることができるのです。

まず正確で、論理的な文章を書きましょう。

それによって論理力が鍛えられ、何事においてもすじみち立てて考えることができるようになるのです。

◎ノートにストックをしてみよう

これから、実際にストックノートを自分の手でつくってみましょう。

ここで扱う文章は上級ですので、これがうまくストックできれば、あなたはすでに相当なレベルにあります。

忙しいビジネスマンは、普段読んでいる新聞の書評や、ビジネス書を読んだ際にストックしていくのがベストでしょう。

この問題はチャレンジ問題として、あなたの論理力を試すつもりで取り組んでみてください。

早稲田大学での入試出題された飯坂良明氏の「現代社会をみる眼」です。

まず、文章を論理的に読解していきましょう。

これは難解な問題ですので、今回は特別に読解の手がかりとして、先に関連知識をストックしてしまいましょう。

次ページにある1〜5のストックを共通認識として読み進めていくのです。

さあ、これから論理の武器を装備するという気持ちで目を通してください。

・ストック1　人間とは「遊ぶ」動物である

・ストック2　仕事…◎ものを生産　↓　効率を重視
　　　　　　　　×自由を失う　↓　人間性の喪失
　　　　　　遊び…×ものを生産しない　↓　効率を重視しない
　　　　　　　　◎自由　↓　人間性の回復

・ストック3　近代主義…生産力を重視　進歩　効率　有効性

・ストック4　遊びとは、本来学問や芸術だった

・ストック5　現代のレジャーも、生産主義の構図にはめ込まれている

問題文の第一段落です。グレージアとアリストテレスのレジャー観の対立関係を意識して読んでください。

レジャーとはなにか。レジャーをいわゆる自由時間と区別しようとする論者もあれば、この両者を同一視しようとする人もある。デ・グレージアによれば、自由時間、つまり、仕事を離れた時間ということばは、何よりも時間の面を強調し、仕事から自由な一定時間をとりのけておくという意味がつよい。これにたいして、アリストテレスなどにみられるギリシャ的用法では、レジャーはむしろ一つの状態、しかも、何かある行為がなされても、それは仕事のばあいのように、ある目的のためになされるのでなくて、それ自身のためになされるような行為、つまり自己目的的行為がおこなわれるような状態をさすものとされるのである。そしてこの厳密な規定からいうならば、われわれがこんにちふつうにレジャーとむすびつけて考えているような「娯楽」とか「レクリエーション」はほんらいレジャーのなかに入ってこないことになるであろう。というのは、これらのものは仕事の単調さ、つらさをまぬがれようとしてなされるものであり、そのかぎりではいぜん仕事に関係しているからである。

冒頭、問題提起です。

「レジャーとはなにか」

それに対して、筆者はその答えを用意しなければなりません。

自分勝手に読むのではなく、あくまで筆者の立てたすじみちに従って読んでいきます。

さて、その答えなのですが、筆者はグレージアとアリストテレスの、二人の考えを紹介しています。

もう、お分かりですね。

対立関係です。

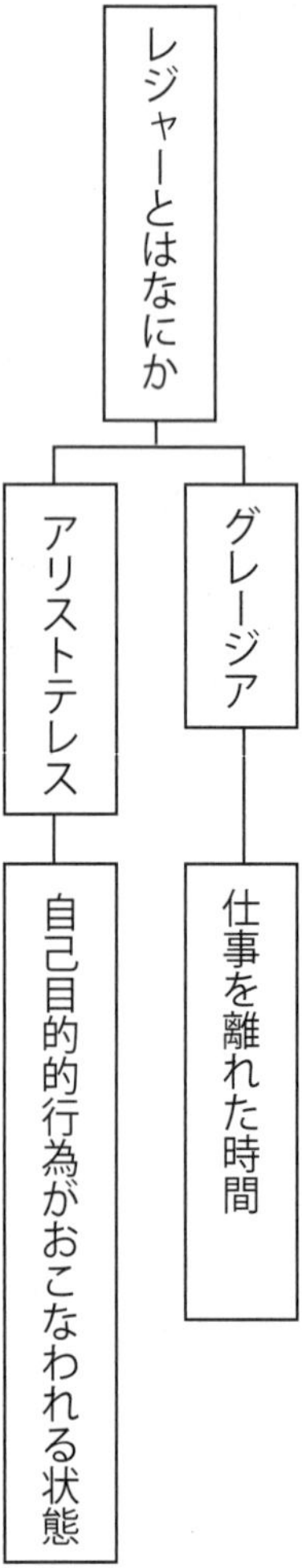

では、筆者はどちらの考えを主張しようとしているのでしょうか？

アリストテレスの「自己目的的行為」を受けて、『この厳密な規定からいうならば、われわれがこんにちふつうにレジャーとむすびつけて考えているような「娯楽」とか「レクリエーション」はほんらいレジャーのなかに入ってこない』とあることから、

アリストテレス　本来のレジャー
⇔
現代のレジャー　本来のレジャーではない

ということが読みとれます。

では、現代の「娯楽」とか「レクリエーション」は、どんなものかというと、「これらのものは仕事の単調さ、つらさをまぬがれようとしてなされるものであり、そのかぎりではいぜん仕事に関係している」

とあるので、レジャーを仕事を離れた時間と考えるグレージアのレジャー観だと分かります。

さあ、これで筆者の論点が明確になりました。

筆者はアリストテレスのレジャー観に立ち、現代のグレージアのレジャー観を否定しようとしているのです。

それなら、この文章の**結末は読まなくても推測ができます。**

「今こそ、本来のアリストテレスのレジャー観に立ち戻ろう」

おそらく、このような結論が導き出されるはずです。

そこで、いきなり最終段落を見てみましょう。

さらにわれわれは、われわれの自由時間の断片性について考えなければならぬ。そのこま切れ的性格が、自由時間が自由であることを阻止している。しかもこの自由時間においてこんにちひとびとがなすところのことは、圧倒的に受身的（あるいは無思考的といってもよい）性格をもっていることも注意されねばならぬ。たとえば、自由時間の多くは、マス・メディアのもちはこぶ大衆娯楽を吸収するためについやされる。ラジオやテレビの与えるものをひとは一方的に受けとる。しかもその内容は、考えさせるようなものはまれだ。自由時間において、彼はますます外から規定され、無思考的無批判的となる。外から受けとれば受けとるほど彼はますます無内容となり空虚となる。そして、その空虚さをうめるためにはますます多く外からあたえられるものを受けとろうとする。こうして、悪循環はたえず進行する。このようにして、人が自己規定性と主体性をうしなうとき、まさに自由時間は不自由時間に変ぼうするであろう。われわれは自由時間のもつ可能性を否定してはならない。自由時間が真に人間の自由のための時間となることは、どのようにして可能か。レジャーが学問や教育とふかく関係することを説いたギリシャ人の知恵にいまこそ、われわれは学ぶべきではないか。

「レジャーが学問や教育とふかく関係することを説いたギリシャ人の知恵にいまこそ、われわれは学ぶべきではないか」

もちろん、この「ギリシャ人」とは、アリストテレスのことですね。

もう、この段階で全体の論理構造が見えています。

それならば、図式化↓要約が可能でしたね。

A　現代のレジャー観に否定的
↓
B　今こそ、本来のアリストテレスのレジャー観に立ち戻るべきだ

このように、A↓Bという論理パターンで、筆者の最終結論はBです。

筆者の立てたすじみちに従えば、読まなくても自然と先が推測できるのです。

どうですか？　論理的に読んでいけば、無駄な労力なく、情報をさばいていけるのです。逆にあなたが文章を書くときも、すじみち立てて書けば、効率よく伝えられるのです。

もし、途中が気になって仕方がないという人は、続いて読み進めてください。

忙しい方は飛ばして209ページへ行きましょう。

第二段落です。

ここでは、問題提起に対して、その答えとなるところを探していきます。

こうしたアリストテレス的レジャー観からいえば、真にレジャーの名に価する活動は、それ自身のためになされるような価値のある活動としての音楽や詩や哲学的観照などであり、それはわれわれがこんにち「高級文化」と名づけているようなものにかぎられるであろう。ちなみにレジャーにあたるギリシャ語の「スコレー」は、学校（スクール）や学者（スカラー）ということばの語幹になっていることも興味深い。レジャーをこのようにみることは、現代のわれわれにとって考えさせるものがあるといわねばならぬ。というのは、われわれにとって、レジャーとはせいぜい気ばらしやあそびや休息をいみするか、でなければ、仕事のつまらなさからの逃避をいみするものとして消極的従属的にしか考えられていないからである。

第三段落です。

しかし、技術の発展が、ますます多くの余暇をひとびとに将来あたえていくとすれば、その余暇においてひとびとが、生の充実を味わえるようないとなみ、つまりそれ自身において意味と価値のある行為をなすことができるであろうか。現実の傾向はむしろその逆をめざしているようにさえみえる。さいきんにおける余暇の増大は、いわゆるレジャー産業のめざましい発展をみ、そのあくなき営利追求は、それが提供する大衆娯楽の質とあいまって、ひとびとに生の充実と人間性の回復の機会をあたえるよりは、堕落と人間性の喪失をはてしなく助長しつづけることになりかねず、余暇を善用できないひとびとを輩出する可能性が大である。

現代のレジャー観の問題点が指摘されている部分は分かりましたか?
本来レジャーとは自己目的的行為で、仕事のための気晴らしや休息ではありません。
そして、それがなぜ必要かというと、**「生の充実を味わえるようないとなみ」**だからです。

ところが、現在のレジャーはその逆だと言っているのです。

ストックの知識がしっかり頭に入っていれば、あなたはこの段階で大きく頷《うなず》くことでしょう。

現代文の問題を解くには、現代に関する知識をストックする必要があるわけです。

同じように、普段の生活の中で新しく知識を得たときには、つねにストックノートに書き込んでおく必要があるのです。

ここでは、先に目を通したストックを思い出しながら読みとっていきましょう。

ストック1　人間とは「遊ぶ」動物である。

赤ちゃんも、物心ついたときから遊ぼうとしはじめます。おもちゃをいじったり、口に入れたりが、それですね。

子供は暇さえあれば遊ぼうとするのです。

こういう本来の遊びこそが、「アリストテレスのレジャー観」です。

ここでストック２を思い出します。

仕事　◎ものを生産→効率を重視
　　　×自由を失う→人間性の喪失

遊び　×ものを生産しない→効率を重視しない
　　　◎自由→人間性の回復

遊びの話に対して仕事という対立関係をすぐに頭に浮かべることができるようになったら、**しめたものです。**

仕事はものを生産します。

そして、その効率、有効性が問題とされます。

確かに、ものを生産し利潤を上げることができますが、それと引き替えに私たちが失うものも大きいのです。

毎日時間の拘束を受け、ときにはやりたくない仕事をしたり、頭を下げたり、嫌な人にこびへつらったりと、私たちは自由を手放すことになります。

本来、人間は生まれたときには自由だったはずです。

赤ちゃんは遊びたいときに遊び、笑いたいときには笑い、泣きたいときには泣いたのです。

仕事はものを生産し、お金を稼ぐために必要なものですが、そのために私たちは人間性を喪失させる可能性を持っているのです。

それに対して、遊びは何も生産しません。

お金を稼ぐこともできず、効率・有効性を問われることもありません。

楽しければ遊び、つまらなければ別の遊びを考えればいいわけです。

だから、私たちは仕事でものを生産しお金を稼ぎ、その代わりに、ときには遊びで人間性を回復してきたのです。

ところが、現代はそうはいかなくなったのでしょう。

今やグレージアのレジャー観、仕事中心の考えが横行しています。


なぜ、そうなったのでしょう?

ここでストック3を思いだしてください。

近代主義…生産力を重視　進歩　効率　有効性

明治以後、日本にも西洋の思想、価値観が入ってくるのですが、その根底にあるのが近代主義です。

いかに多くのものを生産するかを進歩ととらえ、その方向へと一直線に突き進んできたのが、近代の日本だったのです。

生産主義においては、効率・有効性が重視されます。いかにものを生産したのか、いかに効率よく利潤を上げたのかが問われるのです。

そうした中で、ものを生産しない「遊び」は軽視されてきたのです。

近代はものを生産する仕事に価値をおき、本来人間性を回復する「遊び」を切り捨ててきたのです。

ところが、今やレジャー産業は興隆をきわめ、巷《ちまた》にはゲームやＤＶＤ、漫画などがあふれかえっています。

筆者はそれを本来の「遊び」とは考えていません。

ここでストック4を思い出してください。

遊びとは、本来学問や芸術だった

遊びが高度に発達したのは、ギリシャ時代ではなかったでしょうか。

ギリシャの貴族たちは、働く必要がありませんでした。

働くのは奴隷の仕事で、彼らは一日中、生涯にわたって遊んでいればよかったのです。

ところが、今のように漫画もゲームもありません。

彼らにとって、遊びとは哲学であり詩であり、音楽だったのです。

それ自身価値があるものとして、しかも一生飽きることのない楽しみだったのです。

日本でも、平安時代の後宮で、「遊び」が高度に発達しました。

後宮に住むお姫様や女房たちは、家事をする必要がありません。

だから、一生遊んだのであり、それと同時に生涯楽しむためには、その遊びは本格的なものになっていきます。

だから、古文では、「遊び」とは音楽のことを指し、和歌を詠んだり物語を書いたりするのが彼女たちの立派な遊びだったのです。

勉強は本来楽しいからするものであり、私の仕事はその勉強がいかに楽しいかを教え、またそれが楽しくなるように鍛えてあげることなのです。

ところが、おそらく多くの子供たちは「遊んでばかりいないで、勉強をしなさい」と、母親に怒られた経験が一度くらいはあると思います。

勉強が遊びだとしたら、実に矛盾したいい方ですね。

実は、このとき、勉強は本来の遊びではなく、「仕事」へと変質してしまっているのです。

「仕事」だと、楽しいかどうかではなく、いかに生産したのか、つまりいかに成績が上がったのか、どれほど効率がいいのか、と結果ばかりが問われることになります。

嫌いなものも仕方なく勉強しなければならない。

そのことが子供たちの自由を奪い、人間性を喪失させてしまうのです。
まさに近代主義は、こうした身近なところでもおこりつつあります。

では、また本文に戻りましょう。

第四段落。
ここでは、現代の状況について述べています。あなたの身の周りとも照らし合わせてみてください。

自由時間は、このようにレジャーの質的側面よりも、量的時間的側面をあらわすことばであるが、このばあいでも自由時間がいかなるいみで自由かということは問題である。厳密ないみで自由時間というばあいには、仕事および仕事に関連した時間を除くとともに、さらに「生存のための時間」とよばれるものをもさし引いた残りをさす。生存のための時間というのは、ふつう食べること、寝ること、およびそれに関連した買物や料理などについやす時間をさす。したがって、自由時間は、厳密にいえば、ふつうに考えられるような、仕事から解放されたというい みでの自由な時間よりもさらに短い。けれどもこのようにしてさし引いて残った時間のなかでも、たとえば、なかば義務感や強制されるような気持で人を訪問したり、ある会合に出席したりするならば、これを自由な時間ということができるかという疑問は残る。したがって自由時間というばあいの自由は、これを先にのべたレジャーの本来のいみに関連づけるためにも、主体的な要素つまり、強制を離れた自由な選択、動機をふくむものとして解されなければならない。

ここでは、「自由時間」といっても、生存のための時間を除けば、私たちの真に自由な時間、主体的に選択できる時間はごくわずかだと、筆者は述べています。

第五段落です。
「こまぎれ的時間」が何をもたらしたかを読みとります。

余暇の善用ということがいわれるけれども、それはたんに労働力の再生産のために役立つように余暇を用いるということにとどまらず（レクリエーションの目的はそれにとどまるといわれる）、人間がより人間らしくなるための機会として余暇を活用することであり、それがまさにレジャーの目的でなければならない。そもそも余暇ということば自身が労働志向的労働中心的考えかたをあらわしているもののようであり、しかもその労働も個性や人間性をのばすよりもむしろ阻害するものと感じられるにおよんで、逆に余暇が生き甲斐と感じられるにいたった。ところが、その余暇も増大の一途をたどるようになると、余暇をもてあますということがおこり始めた。しかも労働や仕事が、技術の発展によって苦役から解放され、それほどつらくなくなると、ひとは、余暇をもてあますよりも仕事につながれているほうをえらぶということもありえよう。フロムやサルトルが指摘するように、人間はしばしば自由をもてあまして自由を不安に感じ「自由からの逃走」をはかって隷属安定をえらびとるといわれる。ヘルムート・ティーリッケは、これとならんで、現代人は自由時間に不安を感じ、しかも、この二つの不安は同じ根から発するものであるという。

先ほど読んだ最終段落に続きます。

ここでストック5を思い出してください。

現代のレジャーも、生産主義の構図にはめ込まれている

生産主義は、いかに多くのものを生産するかが至上命令とされます。レジャー産業も例外ではありません。大量生産を可能にするためには、大量消費が不可欠です。そこで、コマーシャルをはじめ、マスメディアを利用して、ありとあらゆる場面で子供たちの欲望を刺激します。

私たちにとっての自由は、大量生産された娯楽のうち、「Aという商品を買うのか、Bという商品を買うのか」という自由にほかなりません。

現代人は仕事で人間性を喪失し、自由を奪われ、本来そうした人間性の回復のために必要であるレジャーまで、大量生産された娯楽を一方的に受け取るしかないという、まさに非人間的な状況に置かれているわけです。

そこで、結論。

「レジャーが学問や教育とふかく関係することを説いたギリシャ人の知恵にいまこそ、われわれは学ぶべきではないか」

となります。

まさに、

A　現代のレジャーはグレージアの仕事中心のレジャー観
↓自由時間が不自由時間に変貌する
（だから）↓
B　今こそギリシャ人のレジャー観を学びとるべきだ

というA↓Bの論理構造なのです。

このように、文章を論理的に読むことで要点を抜きとり、次にそれを整理し、論理の順番で組み立て直すことにより要約することができます。

要約例

本来のレジャーはアリストテレスによれば、自己目的的行為で、音楽や詩や哲学鑑賞などである。

それは人間がより人間らしくなるための機会として必要なのである。

ところが、現代はグレージアの仕事中心のレジャー観となり、本来自由なはずの時間が不自由なものへと変貌してしまった。

だから、今こそ私たちは真の自由を取り戻すため、ギリシャ人の知恵に学ぶべきではないか。

さて、文章を読んでみてどうでしたか？

ずいぶん難解な文章だったと思います。この本で習ったことを習熟するまでは時間がかかるかもしれませんが、慣れてくるとあらゆる文章の要点をあっという間につかめるようになります。

これは、人の話を聞くときも同じです。

話の要点をストックすることで、論理的に書いたり話す能力がめきめき向上していくのです。

次にノートの空いている所に自分が思いついたことを、自分の言葉でメモするのでしたね。

すでにある程度のストックがたまっていたら、問題文を読んでいる瞬間から、次から次へと自分の考えが頭に浮かんできているはずです。

たとえば私なら、こんな考えが浮かんできました。

メモ1

今は遊びといえばゲームや漫画だ。
その中で選ばなくてはいけないので、
むしろ不自由ではないか。

メモ2

高度成長期には働きずくめで、
自分で考えて遊ぶことができなくなった。
余暇はお金で買うものとなり、
お金がない人は、退屈になるから
仕事をしたほうがましという風潮さえある。

メモ3

欲望を満たすためにはお金が必要。
援助交際も現代の悲劇の代表ではないか。

メモ1の背景

僕が子供のころはまだ貧しくて、もちろんゲームなどなく、おもちゃもほとんど買ってもらえませんでした。

でも、今の子供と比べても、決して遊びに不自由を感じることはありませんでした。

たとえば、紙でつくった舟を田んぼの用水路のようなところに浮かべて、みんなで競走したものです。

その日の天候やレース場となる場所によって、おのおの作戦を立てます。

前日に雨が降ったり、長距離で流れが急な場合は、多少重たくても頑丈な舟をつくったほうが、最後にはレースに勝ちます。

ところが、晴れていたり、短距離であったり、流れが緩やかな場合には、軽い舟のほうが速いのです。

その日は、朝早く起きるのが楽しみです。

なぜなら、舟をつくる紙が買えるわけではなく、みんなその日の折り込み広告の用紙を使って、舟をつくるのです。

その日、分厚くてつるつるの広告紙が入っているのか、薄くて弱い、けれども軽いものが入っているのか、それによっても作戦が違うからです。

ある日、仲間の一人が紙の舟の底にロウを塗ったときは、誰もが胸をときめかせたものでした。


このように、遊びとはもともと自由で、主体的な行為だったのです。

今の子供たちを見ていると、自分で遊ぶことができなくなっています。

遊びとは、漫画やゲームといった商品を買うことにほかならず、そういった商品を買うことができない子供たちは遊ぶことさえできないのです。

「遊び」が巷にあふれかえった今、逆に子供たちは自由を手放してしまったのかもしれません。

メモ2の背景

本文では「その余暇も増大の一途をたどるようになると、余暇をもてあますということがおこりはじめた」とありますが、その一方では、自由時間の「そのこま切れ的性格が、自由時間が自由であることを阻止している」とあります。

一見、矛盾です。

そこで、次のように考えました。

まずは、高度経済成長時代など、私たちは働きずくめで、まさに「細切れ的な」時間しか持つことができなかったのです。

そこで、どうしても気晴らしや休息のため、テレビを見たり漫画を読んだりと、私たちの遊びは受け身にならざるを得なかったのです。

その結果、私たちの思考は無内容・無批判になり、自分で遊べない人間が生産されることになったのです。

ところが皮肉なことに、今や週休二日、ゆとりの生活が提唱されるようになりました。

でも、すでに自分で遊べない私たちは、余暇をもてあますということが起こりはじめたのです。

遊びはお金で買うものです。

だから、休日が増えるとお金がかかって仕方がない。

あるいは、お金がない人は退屈で時間をどうつぶしていいのか分からない。

それならば、いっそ仕事をしていたほうがお金も使わず退屈でないから、よっぽどましだ、このような人間が登場したとき、私たちはもはや主体性と自由を喪失した不幸な人間へと変わってしまったのです。

メモ3の背景

援助交際はなぜ悪いのか？

この文章をストックとして要約していると、私の頭の中になぜか援助交際についての考えが浮かんできました。

ストックノートは、ときに思わぬ考えを浮かび上がらせます。

援助交際をする女子高生たちは平然とこう答えるでしょう。

「肉体を売っても減るものではないし、第一誰にも迷惑をかけないわ。それなのに、どうしていけないの？　これは一種のサービス業よ。喫茶店のウエートレスとどこが違うの？」

こういった反論に、あなたはどう答えるのでしょうか？

「性は神聖なものだから、援助交際はやめなさい」といったところで、「それはあなたの価値観でしょ？」と切り返され、何の説得力も持ちません。

どうも世の評論家の言説では、私には当の女子高生たちに納得させることはできないように思えるのです。

なぜ援助交際をするのかと聞けば、おそらく、「お金がほしいから」と、即座に返ってくると思います。

昔のように、家族の生活を支えるために身を売るなんてことは、今の高校生には無縁のことなのです。

では、なぜお金がほしいのか？

高校生にはふつり合いな大きなお金を、なぜ援助交際をしてまで求めるのか？そこに現代の異常なありようが浮かび上がってきます。

答えは簡単、お金がないと遊べないからです。

さあ、アリストテレスのレジャー観を思い浮かべてください。

本来のレジャーは人間性を回復させるためのもので、それは主体的なものだったはずです。

ところが、今の子供たちは漫画やゲームなどを与えられ続け、遊びとはどんな商品を買うのかでしかなくなっているのです。

お金がないと、遊ぶこともできません。

そして、生産主義は大量消費を義務づけられ、そのためにありとあらゆる機会をとらえて、人間の欲望を刺激し続けます。

子供たちは幼いころから、テレビや新聞広告、駅や電車でのポスター、雑誌など、いたるところで欲望を刺激され、肥大化された欲望はもはや自分ではコントロールできないものとなっているのです。


このように、私たちの前に展開されるさまざまな問題は、物事の現象面にすぎません。物事の現象を本質からとらえていくことが、ものを考えることなのです。

そのためには、ストックをたえず蓄えることです。

そして、ストックをいつでも使いこなせるようにしておくのです。

今までさまざまな文章論が世をにぎわせてきましたが、一番肝心なことは、「書くことがないから書けない」という一番当たり前の問題です。

ストックノートは、要約力を習得することで、論理的な読み方、まとめ方、書き方を身につけます。

そのうえで、ものを考えるバックグランドを豊かにし、自分の考えを論理的に説明することができるようになります。

ストックノートは「ものを考える」ということを、何か特殊なものではなく、ご飯を食べるように、ごく日常的なものへと変えてくれるのです。

エピローグ

◎無駄な努力をしないために

私自身、子供のころから、「がんばれ」といわれ続けてきました。

もちろん、私もがんばらなければならないことは重々承知です。

でも、勉強しても根気は続かないし、やはり遊びのほうが楽しいにきまっています。

試験で散々な結果をとったとき、「努力不足」という烙印《らくいん》を押されました。

他の人ができることを、なぜ自分だけができないんだろうと、自己嫌悪におちいることもしばしばです。

たとえば、どうしても東京大学に合格するぞと決意する。

東大に合格さえすれば自分の将来が保証されるから（幻想にすぎませんが）、いくらつらくても努力するぞと誓う。

そのこと自体が効果がないといっているのではなく、「がんばろう」「歯を食いしばって、何が何でも合格するぞ」と思うだけでは、瞬間的にはがんばれるが、そんな精神論だけでは長続きがしないということです。

第一、勉強は生涯にわたってするものなのです。

単なる精神論は、自己錯覚にすぎない。

それでがんばれると思い込むのは幻想であって、人間**根性だけではそんなに自分を変えることはできない**と知るべきです。

自分を変えるためには、その環境づくり、あるいはシステムを構築することなのです。


浪人時代、京都にある予備校の寮で独り暮らしをしていたのですが、そのころの私は今思えば怠惰で腐り果てた脳を抱えていたようなものでした。

目が覚めたらいつでも昼前で、モーニング定食に間に合う午前十一時ギリギリに喫茶店に飛び込みます。

寝過ぎでぼうっとした頭を回復させるため、新聞や週刊誌を拾い読みし、寮に戻るころはもう一時過ぎています。

三畳一間の寮は、小さな机と簡易ベッドを置くスペースしかなく、一応机に向かってみたものの息が詰まりそうになり、しかもモーニング定食でお腹が膨らんだため、再び眠気が襲ってきます。

一時間ほど仮眠を取り、また寝ぼけた頭を抱えて、ふらふらと街にさまよい出て、パチンコ店に吸い込まれていきます。


五月の連休を境に、予備校にはほとんど顔を出さなくなったのはいうまでもありません。たまに予備校に出かけるのは、決まって遊び仲間を探しに行くときだけです。そうやって、私は三年の浪人生活を怠惰に過ごし、自分の脳みそがすっかりふやけていることに否応なく気がついたのです。


私がそこから抜け出したのは、環境が変わったからです。

それは実に幸運な偶然でした。

大学院を修了するころ、たまたま大手の予備校講師になり、毎日九時から夜の七時ごろまで、ずっと教壇に立たなければなりませんでした。

教室には五百人近くの生徒たちが詰め込まれ、彼らは私の一挙一動をかたずを呑んで見守っています。

一言でも聞きもらすまいと、集中しているのです。

とても手を抜くどころではありません。

しかも、新人なのでさまざまな講座を担当させられます。週に、十何種類からのテキストの教材研究が必要になってきます。

私は寝る暇もなく、現代文の入試問題を解き続けたのです。

あれほど怠惰であった私が、超人的なスケジュールをこなせるようになったのですから、人間とは不思議なものです。


環境を変えることがいかに大切なのか、私は身をもって体験しました。

私は偶然そのような機会に恵まれたのですが、自分の意志で環境を変えることは誰でも可能です。

何も転職をせよといっているわけではありません。

毎日できる身近なこととして、あなたが使う言葉や文章に少し注意を払うだけで、私が予備校講師時代に変わったように、頭の中を変えていけるのです。

ちょっとした習慣一つで、ものを見る目や世界観が変わり、言語感覚が磨かれてくるものです。人間とはこのように環境をコントロールすることで、いくらでも自分を変えることができるのです。

さあ、今日から言葉の使い方を意識することで、環境をコントロールできるようになります。考えや主張が他人に効果的に伝わるほど、あなたの話は説得力を増します。たとえすばらしいことをいっていても、相手が理解しなければ意味がありませんよね。あなたの伝え方にすじみちがきちんとあれば、あなたの主張が伝わり理解され、覚えてもらえます。その結果、周りから評価されるという好循環が生まれます。

いったん論理力を獲得したなら、その万能の武器はあらゆる分野で威力を発揮するものです。

今、私の仕事は予備校講師としてのそれを離れ、大きく六つの分野にまたがっています。

一つが学校改革です。子供たちの論理力を養成するための言語プログラム「論理エンジン」は、学校そのものを変革する可能性を秘めています。現在私立高校が中心となっていますが、来春から本格的に公立中学生にも対応できる「ロジトレ」が始動します。

さらに公立高校、塾、予備校へと、日本中の子供たちに、論理力を提供していこうと思います。

二つめが大学生や社会人、さらには生涯教育に関するもので、本書もその一環と言えるでしょう。論理力は誰でも簡単に身につき、しかも生涯の生きるための武器となるものです。ならば、一日も早く身につけたほうが得です。

三つめが「記憶」に関する分野です。学習には、論理だけでは不十分で、やはり効率的な記憶法が不可欠です。そこで、現在世界最大の英語学習サイトであるSmart．fmを利用した画期的な勉強法を提案していきます。

来春には、携帯・スマートフォン・iPadなどを利用した、新しい勉強法や記憶コンテンツを次々に世に出していこうと思います。『一分間勉強法』の石井貴士さんとも協力し合い、とりあえずは氏の『一分間日本史』『一分間世界史』を、水王舎（私が会長の出版社）で刊行します。

四つめが、元々の私の専門である文学についてです。現在も『源氏物語が面白いほどわかる本』『教科書では教えてくれない日本の名作』など、さまざまな文学解説書を執筆していますが、こうした文学を素材に、語彙《ごい》力を獲得し、論理力を身につけ、感性を磨き上げる、新しいシリーズを企画中です。

五つめが、小説。近いうちに、自伝的な要素を含んだ「予備校小説」を脱稿するつもりです。衝撃的な内容になると思いますので、ぜひ期待してください。

最後が、スピリチュアル。宗教や、精神世界の分野を、論理を武器に私なりに切り込んでいこうと思います。

この六つの分野も、すべて論理という武器を手にして、初めて実現可能となるものです。ぜひ私の今後の公式ホームページに着目してください。

この本が、あなたが論理力を武器に社会の中で戦うきっかけになることを願っています。

〈著者略歴〉

出口汪（でぐち・ひろし）

教育プロデューサー・作家・出版社(株)水王舎代表・東進衛星予備校講師・元祖カリスマ講師。

大予言者・出口王仁三郎を曽祖父に持つ。


東京都杉並区に生まれる。

以後、東京都内、愛知と転々と引っ越す。

父、和明の執筆活動のため京都・亀岡に転居。学校では毎日遅刻と居眠りを繰り返すなど、クラスから奇人扱いされる。

亀岡高校入学。大学受験目前に医学部を志望。

3年の浪人生活を送り、関西学院大学文学部に入学。

ヒューマンキャンパス(現ヒューマンアカデミー)で講師をはじめる。

関西学院大学文学研究科博士課程修了。

代々木ゼミナールに転職。すべての大教室を満杯にするなど、一躍、伝説的な人気講師となる。

旺文社のラジオ講座で爆発的な人気。「現代文入門講義の実況中継」が大ベストセラー。

総合予備校S.P.Sを設立。無試験で入れた受験生のほとんどを東大京大や早慶上智に合格させる。

東進ハイスクールに転職。教材開発・出版を目的とした水王舎を設立。「システム現代文」シリーズなど、ベストセラーを刊行。

長年構想してきた、論理力を養成する言語プログラム「論理エンジン」を完成。高等学校を中心に、教育改革に取り組む。小学生から社会人まで、論理力養成のための「出口汪の日本語トレーニング」が反響を呼ぶ。


教育改革のため開発した「論理エンジン」は、現在、私立だけでも200以上の高校が正式採用。

偏差値が30以上上がったり、学校が変革されたりと、読売新聞「教育ルネサンス」朝日新聞出版「アエラ」講談社「週刊現代」などで、大きく報道され、話題となる。

予備校講師のイメージが強いが、実際には様々な方面で活動。

ボランティアとして、パピーウォーカー(盲導犬育成)を長年続け、作家としても講談社から小説「水月」を刊行し、多くの一般書も手掛ける。


主な著書に、『出口汪の新日本語トレーニング』（小学館）『小学国語レベル別問題集』『国語レベル別問題集』『現代文レベル別問題集』（東進ブックス）『New 現代文講義の実況中継』（語学春秋社）『システム中学国語』『出口のシステム現代文』シリーズ（共に水王舎）など、数十点に及ぶベストセラー参考書を執筆。

また、小説『水月』（講談社）やビジネス書『論理的なコトバの使い方＆文章術』『論トレ』（共にフォレスト出版）『教科書では教えてくれない日本の名作』（ソフトバンク新書）、『再発見夏目漱石』（祥伝社新書）、『出口式脳活ノート』（廣済堂あかつき出版）など多岐に渡る執筆で今までの累計部数は600万部を超える。

＜公式ブログ＞
「一日生きることは、一日進歩することでありたい。」
http://ameblo.jp/deguchihiroshi/

＜オフィシャルサイト＞
http://www.deguchi-hiroshi.com/index.html

＜メールマガジン＞
「出口汪の大人のための日本語トレーニング」
http://www.mag2.com/m/P0007866.html

DTP／白石知美（株式会社システムタンク）

本作品は2006年に刊行された『論理的なコトバの使い方&文章術』を
改題・再編集いたしました。

「論理力」短期集中講座

2010年9月14日　　初版発行

著　者　出口　汪
発行者　太田　宏
発行所　フォレスト出版株式会社
〒162-0824 東京都新宿区揚場町2－18　白宝ビル5F
電話　03-5229-5750（営業）
03-5229-5757（編集）
URL　http://www.forestpub.co.jp

印刷・製本　日経印刷（株）

ISBN978-4-89451-822-3　Printed in Japan

009	借金社長のための会計講座	小堺桂悦郎
010	リーダーが忘れてはならない3つの人間心理	小阪裕司
011	行動科学で人生を変える	石田淳
012	私に売れないモノはない！	ジョー・ジラード スタンリー・H・ブラウン 著 石原薫 訳
013	コミュニケーション力を高める文章の技術	芦永奈雄
014	38歳までにするべき3つのこと	箱田忠昭
016	「お金」と「自由」を手に入れる！経済自由人という生き方	本田健
018	テロリスト化するクレーマーたち	毛利元貞
019	あなたにも来る怖い相続	松田茂樹

2545新書ベストセラー

015

なぜ、脳は神を創ったのか？

苫米地英人著

1991年、科学によって、神の不在は証明された！

生まれつき脳に刻み込まれた「死への恐怖」のために、脳は自ら神を創った。脳科学と宗教史からわかる幸福な生き方。

定価 945 円（税込）

ISBN 978-4-89451-815-5

「『論理力』短期集中講座」
無料プレゼント!
読者限定!
カリスマ講師の生Live
〜認められるための論理力〜
著者・出口汪の
特別講義が
無料で聴けます!
無料音声
▼下記よりダウンロードできます
http://www.2545.jp/ronri
※音声ファイルはホームページからダウンロードしていただくものであり、
CD・DVDなどをお送りするものではありません。